本の雑誌編集部編

絶景本棚 2

絶景本棚2

目次

本の雑誌の巻頭人気連載「本棚が見たい！」の書籍化第2弾。
趣味嗜好だけでは片づけられない、各分野乱れ打ちの膨大な本、本、本。
あふれる蔵書はどうやって本棚に収まっているのか。
背表紙からうかがう主の世界。うれし恥ずかし本棚模様、開幕です。

夢枕獏

ようこそ、夢枕ワールドへ！

魔術の復活
地獄の辞典
撰集抄全注釈 上
撰集抄全注釈 下
山家集 聞書集 残集
日本博物誌年表
江戸の生業事典
理科年表
芸能
文芸年鑑
文藝年鑑
激動の昭和文学
たけし事件
南日本風土記
戦国人名事典
江戸語大辞典
新辞林
アメリカ人名事典
双体道祖神
クラシック音楽作品名辞典
世界人名・地名表記辞典
香川県方言辞典
黄金の夜明け魔術全書
大破壊
カテドラル
世界妖怪事典
古典・新作落語事典
現代漫画博物館
天才伝説 横山やすし
ビッグ・オーとの出会い
太平記 一
太平記 二
太平記 三
近松浄瑠璃集 上
近松浄瑠璃集 下
黄表紙 洒落本集
山家集 金槐和歌集
古事記 祝詞
椿説弓張月 上
浄瑠璃集 上
浄瑠璃集 下
歌舞伎十八番集
歌舞伎脚本集 上
中世近世歌謡集
芭蕉句集
芭蕉文集
IBMの息子
角川源義の時代
家庭医学館
往生伝 法華験記
西行の思想史的研究
柳田國男全集
藤原俊成の研究
名作歌舞伎全集

聊斎志異
ギリシア・ローマ神話事典
ギリシア神話
旧約外典偽典概説
神代地誌
AIKIDO AND THE DYNAMIC SPHERE
日本映画人名事典
鶴屋南北全集
遊学大全
栄花物語全注釈
日本SF・名作集成
大きな活字で読みやすい本
聖書外典偽典
弘法大師空海全集
妖怪
巫女の世界
諸の民俗誌
サンカとマタギ
山の民俗誌
唐代中国への旅
太古日本の迦具土
心霊と神秘世界
本田親徳全集
言霊信仰
九鬼文書の研究
新生活の百科事典
黄金の夜明け
名作歌舞伎全集
萬葉集
鏡花全集
日本の仏舎利塔
新古今和歌集
宇治拾遺物語
栄花物語
夜の寝覚
狭衣物語
宇津保物語
古今和歌集
源氏物語
今昔物語集
謡曲集
日本書紀
新服飾事典
江戸町触集成
古今著聞集
曾我物語
近世文學論集
沙石集

沙門空海 唐の国にて
キマイラ
夢枕獏
人狼
帝の剣
水中の真実
大東流合気武術

日本近世人名辞典
原色昆虫大圖鑑 I
原色昆虫大圖鑑 III
金文編
ロワノール考古記
日本史大事典 1
日本史大事典 2
日本史大事典 3
日本史大事典 4
日本史大事典 5
江戸看板図譜
図絵 江戸おんな百姿
人間の美術 1
名物刀剣
陰陽道基礎史料集成
古典をどう読むか
江戸町触集成
千利休
上田秋成
江戸物価事典
歌舞伎年代記
日本文化のかたち百科
白川静
平安
江戸
カムイ伝講義
大江戸
平賀源内の研究
源内狂恋
上田秋成集
源平盛衰記
時代風俗考事典
江戸の怪異譚
大坂怪談集
新井白石
日本雑記
大江戸仙花暦
刑罰風俗細見
歌舞伎武家事典
海底宮殿
江戸商売図絵
茶道用語辞典
ニッポンの旅
江戸時代の瀕死病
日本随筆大成
江戸服飾史
芭蕉という修羅
江戸から東京へ
江戸物価事典
藩史事典
時代考証百科
古代日本正史
日本史
忠臣蔵
忍者
江戸と大阪
狩られた王朝

精神世界
宗教
新書
世界の神話

色・絵・の・陶・芸
浜本玄
天野喜孝 画 『アリス・エロチカ』 海野弘 文
HUBBLE
ソウルオリンピック
朝日新聞社
イギリス田園物語
今森光彦 世界昆虫記
福音館書店
台湾山林空中散歩
アトリエ・エルメス
季刊 陶磁郎
韓国の本
SF百科図鑑
サンリオ
スターシーカーズ
日本SF年鑑1986年版
名僧百人 古寺名刹百選
平凡社
別冊太陽
安倍晴明と陰陽道展
五島美術館
将棋世界
近代将棋
米長邦雄の運と謎
団鬼六
棋士になるには
定本 大山の駒落ち
大山康晴 著
将棋の世界
第六期 竜王決定七番勝負 激闘譜
将棋歳時記
破天荒盤外記
"林業再生"最後の挑戦
伝奇
オール讀物 昭和の時代小説50篇
この官能小説がスゴイ!ベスト・セレクション
本屋さん読本
狂骨の夢
このミステリーがすごい!
日本の転生
俳句
器の制作
萬福寺
邪馬台国
歴史と人物
歴史読本
編集の学校
世界謎の超古代史
日本史読本
太閤秀吉と大坂城
戦国宿命の好敵手
歴史と旅 大魔王 織田信長
孤高の剣聖 宮本武蔵
智謀の英雄 諸葛孔明
史記の英雄たち
はにわの謎と古代人
宇宙人の古代史
古代朝鮮と飛鳥王朝
謎の五世紀
邪馬台国はここだ!!
ここが邪馬台国だ
世界を動かす謎の国際機関
有名人おもしろ交遊図巻
帝国陸軍のリーダー総覧
ヤマトタケル 梅原猛

カナダ
山陽 四国
メキシコ
アフリカ
タイ・マレーシア
メキシコ
伊豆七島・小笠原
中国鉄道の旅
グアム
台湾の旅
大阪
温泉・宿ガイド 九州
温泉・宿ガイド 伊豆・箱根
北海道
カナダ
ヨーロッパの旅
北海道
高野山
サンゴ礁と新空港
野性こそ世界の救い
樹の事典
アユ釣り仕掛けハンドブック
友釣り
四国の渇けむり295めぐり
渓流釣りと山の旅
つりマガジン
アポロ写真集 月着陸第1号
ALPINE CALENDAR 1984
アユのすべて
渓流釣り最新マニュアル
北海道
河岸に立ちて
井上 靖
白石勝彦
雨のくに
日本の川地図101
瞬間をとらえる
ドルトンの世界
Color Base
民族探検の旅 第3集
写真集シルクロード 6
李朝家具と民芸・信楽の肌・器と料理
釣り仕掛け集
関東道路地図
GUIA DO RIO DE JANEIRO
温泉宿
日本の野生植物 I
WILD FLOWERS OF JAPAN
日本の野生植物 II
WILD FLOWERS OF JAPAN
平凡社
12歳の神話
アルプスの見える村
神奈川東京の釣り
カトマンズ発 失われた風景を求めて
山のABC
AMAZONIA II 地球を愛する55人
土村松園・松篁・淳之展
ヒマラヤの花
白水社
地球と資源
写真集シルクロード 4
全東京道路地図
中部道路地図
広域首都圏道路地図
北海道道路地図

釣り時々仕事
釣り時々仕事
悦楽の旅人
夢枕獏

小田原出身で学生時代には伊勢治書店でアルバイトの経験もあるという夢枕獏さんは、二〇一七年暮れに新築した自宅の一階と二階に、それぞれ二十坪ほどの広大な書庫を設けた。一階は奥にスライド書棚が向かい合って設置され、小説誌や格闘技雑誌、漫画雑誌のほかコミックがびっしりと並んでいる。一階書庫のコンセプトは明治・大正時代風とのことで、スライド書棚の手前には骨董品店で買い集めたガラス戸つきのアンティーク書棚にカメラや釣りの仕掛けや針などが収められている。一方、二階のイメージは小学校の図書室。海を望む大きな窓以外の壁面がほぼ本棚で、小説の棚、新書・文庫の棚、全集類の棚のほかは格闘技、山、釣りなどジャンルごとに分類されている。十メートルを超える幅の壁一面に造り付けられた圧巻の棚にはインド、チベット、古代、平安、江戸、明治等と手書きで記された紙が貼ってある。並べ始めて五か月が経つが、まだまだ整理中らしい。中央にある大きなテーブルはフランク・ロイド・ライト設計の机の復刻版だが、地図や年表を広げるのにぴったりなサイズだという。図書室の隣は十五畳ほどの書斎で、執筆中の小説の資料類、原稿類、そして自著が並ぶ棚があるが、いずれも整理途上。雑誌を合わせれば四万冊超！の本をこれから整理して並べられるという愛書家の楽しみがつまった夢の書庫なのである。

夢枕獏（ゆめまくらばく　作家）２０１８年７月号

水鏡子
二階建・二十二坪・十万冊収容可能の
鉄壁書庫、堂々完成!

鏡花全集 巻二十
鏡花全集 巻廿一
鏡花全集 巻廿二
鏡花全集 巻廿三
鏡花全集 巻廿四
鏡花全集 巻廿五
鏡花全集 巻廿六
鏡花全集 巻廿七
鏡花全集 巻廿八
鏡花全集 別巻
山川方夫全集 第一巻
山川方夫全集 第二巻
山川方夫全集 第三巻
山川方夫全集 第四巻
山川方夫全集 第五巻
山川方夫論 金子昌夫
木々高太郎全集 2
木々高太郎全集 3
木々高太郎全集 4
木々高太郎全集 5
河は眠らない
叫びと囁き
路上にて
孔雀の舌
言葉ある曠野
白昼の白想
午後の愉しみ 開高健対談集
言葉の落葉 1 開高健
夏の闇
夏の闇 開高健
輝ける闇
渚から来るもの 開高健
珠玉 開高健
破れた繭 耳の物語 開高健
夜と陽炎 耳の物語 開高健
開高健全作品
青い月曜日 開高健
周五郎 浪漫小説集
周五郎 士道小説集
周五郎 武道小説集
本周五郎 修道小説集
ひよどり草紙
龍虎八天狗
左近右近
天兵童子
忘れ残りの記
吉川英治全集
少年小説大系
明治少年小説集
押川春浪集
山中峯太郎集
大佛次郎集
高垣眸集
南洋一郎・池田宣政集
少年探偵小説集
空想科学小説集
戦後少年小説集
少年漫画集
明治大正冒険小説集
森田思軒・村井弦斎集
大正少年小説集
昭和伝奇小説集
少年SF傑作集
佐々木邦 サトウハチロー集
時代小説名作集
野村胡堂集
少女小説名作集(一)
少女小説名作集(二)
少年翻訳小説集
少年短編小説・少年詩集
少年漫画傑作集(一)
少年漫画傑作集(二)
少年講談集
少年小説研究
三一書房
全小説を初集成!

北斗の人
徳間文庫
火炎城
白石一郎
処刑
射殺の部屋
多岐川恭
人でなしの遍歴
多岐川恭
片手斬り同心
多岐川恭
山田風太郎
眼中の悪魔
十三角関係
夜よりほかに聴くものもなし
棺の中の悦楽
戦艦陸奥
天国荘奇譚
男性週期律
笑う肉仮面
達磨峠の事件
怪談
赤穂飛脚
白波五人帖
怪異投込寺
不知火軍記
天保忍法帖
妖の忍法帖
明智太閤
春本太平記
奇想小説
甲賀忍法帖
江戸忍法帖
飛騨忍法帖
くノ一忍法帖
柳生忍法帖
忍法相伝 73
元禄おさめの方
売色奴刑
山田風太郎推理全集
眼中の悪魔
幽霊船棺桶丸
幻妖桐の葉おとし
お庭番地球を回る
いだてん百里
魔天忍法帖
剣鬼喇嘛仏
忍びの卍
忍法関ヶ原
女人国伝奇
妖説忠臣蔵
黒い炎の戦士 3
黒い炎の戦士 4
黒い炎の戦士 5
黒い炎の戦士 1
黒い炎の戦士 2
白石一郎
妖奇の城
忍法帖
早乙女貢
川中島
秘色忍法帖
忍法水滸伝

水滸伝
楊令伝 北方謙三
岳飛伝 北方謙三
史記 武帝紀 北方謙三
血涙 北方謙三
泣き虫弱虫諸葛孔明 酒見賢一
後宮小説 酒見賢一
ピュタゴラスの旅 酒見賢一
墨攻 酒見賢一
我が糸は誰を操る 吉川永青
我が槍は覇道の翼 吉川永青
我が土は何を育む 吉川永青
蒼穹の昴 上 浅田次郎
蒼穹の昴 下 浅田次郎
阿片戦争 陳舜臣
西域伝 伴野朗
三国志
新・水滸伝
高麗秘帖 荒山徹
女忍秘抄 大塚雅春
北条早雲

ギャンブルビート
Re:Monster
灰と王国
上魔法に栄光を
幼女戦記
レジェンド
フリーライフ
デビルメイクライ
ゲート
マスターのスキル
吸血姫
白の皇国物語
スイの魔法
新世界
傭兵物語
壊天の召喚撃退士
左利き
図書館
邪神に転生したら
ヘヴンズ・コンストラクター
物語の中の人
NPCと暮らそう!
バルサック戦記
賢者の転生実験
迷宮と精霊の王国
戦慄の魔術師と五帝獣
オーク英雄物語
ログ・ホライズン
まおゆう

Only Sense Online
Only Sense Online 2
Only Sense Online 3
Only Sense Online 4
Only Sense Online 5

カント全集 第一巻
カント全集 第二巻
カント全集 第三巻
カント全集 第九巻
カント全集 第十巻
カント全集 第十一巻
カント全集 第十二巻
カント全集 第十四巻
カント全集 第十六巻
カント全集 第十七巻
カント全集 第十八巻
カントの形而上学講義
イマヌエル・カント
ジル・ドゥルーズ フェリックス・ガタリ
アンチ・オイディプス
言語學原論
ウィトゲンシュタイン全集 8
中世思想原典集成
プラトン全集 9 ゴルギアス メノン
美学 I
形而上学とは何か
知覚の現象学
存在と苦悩
象徴形式の哲学 1
岩波講座 哲学 1
岩波講座 哲学 2
岩波講座 哲学 3
岩波講座 哲学 4
岩波講座 哲学 5
岩波講座 哲学 6
岩波講座 哲学 8
岩波講座 哲学 9
岩波講座 哲学 10
岩波講座 哲学 11
岩波講座 哲学 12
岩波講座 哲学 13
岩波講座 哲学 14
岩波講座 哲学 15
岩波講座 哲学 16
岩波講座 哲学 17
岩波講座 哲学 18
新岩波講座 哲学 1 いま哲学とは
新岩波講座 哲学 2 経験 言語 認識
新岩波講座 哲学 3 記号 論理 メタファー
新岩波講座 哲学 4 世界と意味
新岩波講座 哲学 5 自然とコスモス
新岩波講座 哲学 6 物質 生命 人間
新岩波講座 哲学 7 トポス 空間 時間
新岩波講座 哲学 8 技術 魔術 科学
新岩波講座 哲学 9 身体 感覚 精神
新岩波講座 哲学 10 行為 他我 自由
新岩波講座 哲学 11 社会と歴史
新岩波講座 哲学 12 文化のダイナミックス
哲学 15 哲学の展開
哲学 16 哲学的諸問題の現在
1 芸術の近代
2 芸術と社会
3 芸術の革命
4 技術と芸術
5 言語の冒険
6 政治と芸術
7 現代芸術の状況
8 現代芸術の焦点
言葉と世界
見える家と見えない家
老若の軸・男女の軸
時間を探検する
交換と媒介
歓ばしき学問
文化の活性化
哲学原論
哲学 1
哲学 2 世界と知識
4 自然と反自然
哲学講義
哲学講義
ラッセルの社会思想 野村博 著
キーワード
大乗仏
アウグスティヌス
老子 荘
プラトン I
プラトン II
アリストテレス
諸子百家
ロック ヒューム
モンテスキュー

怪獣学・入門!
地獄のハリウッド
スプラッター・カーニバル
桃色映画天国
推理・SF映画史
加納一朗
映画の見方が変わる本
映画作家は語る
無声映画の完成
映画の魅惑
テレビの黄金時代
ヒッチコック
流行歌と映画でみる昭和時代 II
流行歌と映画でみる昭和時代 I
子どもの昭和史 ヒーロー・ヒロインの映画史
グラフ日本映画史 戦前篇
ホラー映画クロニクル
ノスタルジックTV
CINEMA CLUB '90
洋画篇
pia
北島明弘
超SF映画
ゴジラ
探偵倶楽部
集英社
日本映画思想史
佐藤忠男
私の映画日記
児玉数夫
SF映画創世記
決定版
映画1000
アメリカン・ドラマ缶
日本映画理論史
映画はいかにして死ぬか
映像の沖田総司
映画覚書 vol.1
阿部和重
映画となると話はどこからでも始まる
映画の言語
哲学の冒険
筒井康隆

ALL JUDGMENT FLED
BY FURIES POSSESSED
ETIDORHPA
PRE-EMPT
THE CASSIOPEIA AFFAIR
SLAVES OF SLEEP
MACRO-LIFE
CRYSTALWORLD
Chelsea Quinn Yarbro
SIX GATES FROM LIMBO
This Is The Way The World Begins
WHEELS WITHIN WHEELS
LAIR OF THE CYCLOPS
MONSTER MAKERS INC.
THE SINGERS OF TIME
GWEN, IN GREEN Hugh Zachary
THE MASK OF LOKI ROGER ZELAZNY THOMAS T. THOMAS
TIME OUT FOR TOMORROW
A Martian Odyssey
CANDLE IN THE SUN Robert Wells
MOLT BROTHER
THE STORM LORD
GALAXY'S END
THE REEFS OF EARTH
BEASTNIGHTS
TIME OF THE FOURTH HORSEMAN CHELSEA QUINN YARBRO
YARBRO CAUTIONARY TALES
DEAD & BURIED
JAMES WHITE
COUNTERSOLAR!
RICHARD A. LUPOFF CIRCUMPOLAR!
THE SANTAROGA BARRIER FRANK HERBERT
THE GARBAGE CHRONICLES
SIDNEY'S COMET
APOCALYPSES R.A. Lafferty
FUGITIVE IN TRANSIT
THE BRIGHT COMPANION
THE DOUGLAS CONVOLUTION
EARTH LIES SLEEPING
BACKLASH
MINDHOPPER James B. Johnson
the day of the drones
TO CONTROL THE STARS
THE HEAVEN MAKERS FRANK HERBERT
MEANWHILE
UNLESS SHE BURN
NO EARTHLY SHORE
TOOLMAKER KOAN John McLoughlin
SUN DOGS
OTHER TIMES, OTHER WORLDS JOHN D. MacDONALD
Commune 2000 A.D. Mack Reynolds
The Towers of Utopia Mack Reynolds
CHAOS IN LAGRANGIA MACK REYNOLDS
FEDERATION WORLD JAMES WHITE
THE ALIENS AMONG US JAMES WHITE
Gene Wolfe
TOMORROW IS TOO FAR JAMES WHITE
THE POINT MAN
FALLING TOWARD FOREVER
False Dawn CHELSEA QUINN YARBRO
HOTEL TRANSYLVANIA
HOME TO AVALON
A WORLD CALLED CAMELOT
STARLORD
Nightmare Blue
THE GLADIATOR BILL EARLS
KNAVE IN HAND LAURENCE M. JANIFER
SLAVE PLANET
BLOODWORLD LAURENCE M. JANIFER
SEEKLIGHT
THE FLOATING ZOMBIE D.F. Jones
Don't Pick the Flowers D.F. Jones
TWO TALES AND EIGHT TOMORROWS HARRY HARRISON
A STORM OF WINGS M. JOHN HARRISON
BLACK EMPEROR
EARTH HAS BEEN FOUND D.F. Jones
RENSIME
UNTO ZEOR, FOREVER
Jade Darcy and the Affair of Honor
FRANK HERBERT THE WHITE PLAGUE
ON A PALE HORSE PIERS ANTHONY
BEARING AN HOURGLASS PIERS ANTHONY
WITH A TANGLED SKEIN PIERS ANTHONY
JACK L. CHALKER
JUXTAPOSITION PIERS ANTHONY
CHRONOCULES D.G. COMPTON
moderan
Ralph Comer
NEWS FROM ELSEWHERE
THE POSSESSORS John Christopher
A TORRENT OF FACES JAMES BLISH & NORMAN L. KNIGHT
BIO OF A SPACE TYRANT
SERPENT'S REACH
SUNFALL
James Branch Cabell
PIERS ANTHONY
FIRE-THE LAVALITE WORLD
THE GAMEPLAYERS OF ZAN
COUNTRY OF THE BLIND MICHAEL FLYNN

LEWIS CARROLL
PINK SAMURAI
THE MAKER OF DUNE
Aristotle
PYNCHON
ANATOMY OF WONDER
James Thurber
THE FAR SIDE OF TIME
SPACE OPERA
FUTURE POWER
THE FOURTH Galaxy READER
TREASON
Orson Scott Card
FUTURE CITY
THE FIFTIES
CROSSROADS IN TIME
GENERATION
GREEN PEARL
JACK VANCE
JERRY SOHL
CRYSTAL EXPRESS

日本文学年表
野望としての教養
ジャポニスム小説の世界
ライトノベルよ、どこへいく
ライトノベル研究序説
ライトノベル創作教室
文学賞事典
現代日本文芸総覧
日本の児童図書賞
日本児童文学史
不良読本
文学
中世騎士物語
ニューヨーク物語
欧米人と異文化への対応
アメリカ伝統小説と疎外
ユートピアと文明
ユートピアとアメリカ文学
イギリス小説とモラリティ
オカルトかなぜ悪い!
ペーパーバック倶楽部
物語の役割
クイン・サーガ読本
菊地秀行解体新書
サリンジャー
鈴木三重吉全集
現代の文学論争
幻想大陸
文学の歴史
SF adventure
SF Japan

三月末に竣工したSF評論家・水鏡子氏の書庫は二階建て床面積二十二坪という広さで、収納可能冊数はなんと十万冊！　空間いっぱいに移動書架を配置し、プロパーであるSFをはじめ、ライトノベル、なろう系、内外の小説にコミック、人文、社会、科学に美術、SF雑誌に文庫の解説目録まで、およそ四万冊の本が収納されている。退職金をはたいて建てたという書庫に並ぶのはブックオフで購入した百円（税別）本がメインで、ラノベはもちろん、『オックスフォード・カラー英和大辞典』「世界動物文学全集」なども百円で入手。「百円で買うたんやって自慢するため」値札のシールが貼ったまま並べられている。十万冊収納のスペースだから棚はまだまだゆったり。ほかに二万冊収納の二階書斎（いずれも現在は空っぽ）が母屋にあるので、この先、毎年三千冊ずつ買い続けても三十年は大丈夫と計算しているが、棚をみると意外にも内外ともミステリーがほとんどなく、はずみで赤川次郎などを買い出したら、三十年安心プランも破綻するのではと戦々恐々。とはいえ、唯一の出入口を外開きにしたため、万が一入口前に重い荷物（本？）を置かれたら出られなくなる！と中から鳴らせるサイレンまで取り付けた書庫の通路に茣蓙を敷き、寝転がって本を読むのが至福の時間なのである

水鏡子（すいきょうし・SF評論家）２０１７年11月号

第2章

鬼に金棒の巻

真田幸治
山田うん
日下潤一
関口靖彦
中澤真野
田中すけきよ
夏目房之介
神谷竜介
渡辺明
吉田茂治
佐藤大
牧眞司
柳下恭平

集める！ 集める！ 小村雪岱を求めどこまでも

真田幸治

鏡花全集 巻一
鏡花全集 巻二
鏡花全集 巻三
鏡花全集 巻五
鏡花全集 巻六
鏡花全集 巻七
鏡花全集 巻八
鏡花全集 巻九
鏡花全集 巻十
鏡花全集 巻十一
鏡花全集 巻十二
鏡花全集 巻十三
鏡花全集 巻十四
鏡花全集 巻十五
春陽堂
水上瀧太郎全集
武者小路實篤集

荷風書誌
銀砂子
江戸役者
邦枝完二
邦枝完二代表作全集 第一巻
岡本綺堂全集
能因法師
眞山青果全集 第一巻
江戸の青空
池田大伍脚本集
我が日我が夢 宇野浩二
富士に立つ影
春来れば
草を歩みて
上田敏詩集
明治百話
明治風俗史

欧文書体百花事典
KOBUNDO TYPE BOOK
文藝春秋三十五年史稿
遊里集
鏡花全集
大道無門
里見弴
大阪の宿
水上瀧太郎
果樹
月光集
墨水十二夜
吉井勇

帝国と美術
明治文學書目
江戸の出版
活字の世紀
読者の誕生
週刊誌五十年
書物游記
大正期の文芸叢書
日本語活字印刷史
をどりの小道具
演劇五十年
自然師
イラスト歳時記
クラブコスメチックス80年史
装幀の本
竹久夢二

さしえの50年
大衆文学五十年
吉川英治
草思堂随筆
浅草っ子
日本の近代美術と文学
花森安治の編集
安成貞雄を祖先とす
ビアズリーと世紀末
ビアズリーと日本
日本のアール・ヌーヴォー
西日本文壇史
友人子規
荊棘の実
線の研究
視覚と心象の日本美術史
月映の画家たち
江戸の遠近法
観衆の成立
絵を用い、絵を創る
近代日本の象徴主義
明治版画史
谷間の恋人
世紀末の夢・象徴派芸術
知命と成熟
明治大正の広告メディア
漱石研究年表
拓本の技法
江戸の板本
記号の殺戮
本は生まれる。そして、それから
国境を越えた日本美術史
日本語大博物館
技術の日本近代
ボン書店の幻
編集者の仕事

真田幸文堂の装丁家・真田幸治氏の事務所兼自宅は上階に八畳の打合せ部屋、下階に六畳と四畳半の仕事部屋、そして八畳と二畳の生活空間があるメゾネットタイプのマンションだ。上階の打合せ部屋には左右の壁に本棚が合わせて八棹据えられ、背の焼けた古い雑誌が並んでいる。一方の壁面には「文藝春秋」「中央公論」をはじめ、「オール讀物」「キング」「主婦の友」「婦人公論」「婦人倶楽部」「苦楽」「日の出」「春泥」など、戦前の雑誌がぎっしり。もう一方の壁面には大判の「サンデー毎日」「週刊朝日」「日曜報知」などの中綴じ雑誌が平積みされている。両脇が本の山状態の階段を慎重に下りると、突き当たりは天井まで隙間なく本が積まれた本棚で、長い廊下には自身の装丁本を並べた本棚も含め、都合七棹の本棚が設置されているが、六畳の仕事部屋に据えられた三棹の本棚に並ぶのは小村雪岱の装丁本！ なんと真田氏は「小村雪岱研究」という個人誌を出している、日本屈指の小村雪岱研究家なのである。四畳半の仕事部屋の四棹の本棚に並ぶのは、主に大正から昭和十五年までの「演芸画報」「新演芸」で、小村雪岱は舞台装置をやっていたらしく、そのチェックのために集めているのだ。上階の古雑誌も小村雪岱の挿絵を探すため。目算で二万冊程度の九割は小村雪岱研究のための本という、雪岱一色のメゾネットなのである。

真田幸治（さなだこうじ　装丁家）２０１７年９月号

山田うん

高さ7メートル超の棚で躍動する書物

ISRAEL SKYVIEW
ישראל - נופים מהשמים
The Poetry of Yehuda Amichai
Edited by ROBERT ALTER
わたしたちが正しい場所に花は咲かない
エルサレムの詩
村田靖子
スムヒの大冒険
あまりにも騒がしい孤独
反復
ハントケのスロヴェニア
ドン・ファン
地下室のパンサー
おわりとはじまり
日本書紀と日本語のユダヤ起源
ユダヤ教の基本
ゲーデル、エッシャー、バッハ
あるいは不思議の環
20周年記念版
GÖDEL, ESCHER, BACH: an Eternal Golden Braid
ぼくはこうやって詩を書いてきた
谷川俊太郎、詩と人生を語る
谷川俊太郎
山田馨
ヴィクトル・フローネル
宝島社

水の希望
アルトー 演劇とその形而上学
安堂信也訳
ブレヒト戯曲全集 第1巻
ブレヒト初期作品集
未來社
ブレヒト戯曲全集 第2巻
『三文オペラ』をふくむ音楽劇傑作集
ブレヒトの写針詩
ゴドーを待ちながら
シュールレアリスム宣言
加藤直
アメリカ
加藤直
縄文人のことば
米山益弘
三人姉妹
白水uブックス
サティとコクトー
理解の誤解
両者の関係性の実像に迫る!
エリック・サティの世界
小沼純一
エリック・サティ文集
待望の完訳 決定版
音楽とは何か
ジョン・ケージ サイレンス
現代音楽の《バイブル》
カフカノート
高橋悠治
みすず書房
エリックサティ展
Exposition Erik Satie
上方落語 おさだまり噺
小佐田定雄
弘文出版
LES NOCES

LES NOCES
in Full Score
人体・スポーツ
愛をめぐる断想
死霊
有罪者
小説とは何か
三島由紀夫
石棺と年輪
ブレヒト戯曲全集
劇場
文化ホールがまちをつくる
クラゲの正体
イメージの劇場
メセナマネジメント
民俗芸能
神楽と出会う本
ヒッチコック 映画術 トリュフォー
舞踏花伝
死の演劇
寺山修司演劇論集
小津安二郎作品集
アンディ・ウォーホル
深夜特急
新宿文化
クルト・ヴァイル
きっかけの音楽
ホールの計画と運営
毎日が冒険
千里眼
パンドラの箱の悪魔
ファーブルの庭
ミミズの話
ザ・シーン
現在美術
アート・ディーラー
シネクラブ時代
ヨーガ・スートラ
記憶と沈黙

齋藤孝
レイチェル・カーソン センス・オブ・ワンダー
池田晶子 死と生きる 獄中哲学対話 陸田真志 新潮社
身体から革命を起こす 甲野善紀 田中聡 新潮社
甲野善紀 身体を通して時代を読む 武術的立場 ×内田樹 basilico
イアン・スチュアート 数学の秘密の本棚
数学する身体 森田真生 数学の存在意義を問う話題の書 新潮社
有次と庖丁 江弘毅 新潮社
オオカミの護符 小倉美惠子 里と山をつなぐもの 新潮社
雀鬼流。極意と心得 桜井章一 三五館
私の身体は頭がいい 内田樹
遺体 震災、津波の果てに 石井光太 極限に迫る壮絶ルポ! 新潮社
動的平衡 生命はなぜそこに宿るのか
日本の身体 内田樹 身体を、12人の達人と考える 新潮社
分類という思想 池田清彦 新潮社
ほんとうの環境問題 池田清彦 養老孟司 本質をとらえた緊急提言!
私は一本の木に恋をした 沙真 文芸社
しろくまのほね 沙真 sachika
非パパラギ 岡崎照男・訳
老人力のふしぎ ROJIN NO HUSHIGI 赤瀬川原平
クルトヴァイル
「ん」まであるく
高校演劇科
あやしい舞台監督
動きが生命をつくる
深夜特急 沢木耕太郎
ロートレアモン全集
アンディ・ウォーホル 日向あき子
死の演劇
寺山修司演劇論集
小津安二郎作品集 III
ヒッチコック 映画術 トリュフォー
舞踏花伝
ビーイング・デジタル
アメリカが本当に望んでいること
ヤンキー文化論序説
ホールの計画と運営
チョムスキー、世界を語る
画说
1000个汉
ファーブルの庭
ベスト&ブライテスト
奇妙な果実
夕顔 白洲
湘南 城山三郎
億万長者はハリウッドを殺す 広瀬隆
アメリカン・サイコ
パンドラの箱の悪魔 広瀬隆
千里眼 松岡圭祐
毎日が冒険
私流に現在を生きる 堀文子
美術館は眠らない
シネクラブ時代
現代彫刻
アート・ディーラー
現在美術
ザ・シーン
アートランナー1979

Edited by ROBERT ALTER
土方巽 絶後の身体
ニジンスキーの手記
美の女神イサドラ・ダンカン
大野一雄
自由へのスパイラルダンス
踊る人にきく
イサドラ・ダンカン 芸術と回想
舞踊学原論
バレエ用語辞典
新訂 小林秀雄全集
研究・山本周五郎
石原吉郎全集 I
有罪者
小説とは何か 三島由紀夫
石棺と年輪
即身成仏義
ヤスパース 人間存在の哲学
死霊 埴谷雄高
死霊 II 埴谷雄高
殻を破る
ひと月9000円の快適食生活 魚柄仁之助
モダンダンスの巨匠たち
20世紀の舞踊
おどるばか
放浪の聖画家ピロスマニ
DICTEE
柳寛順物語 柳大河
半難民の位置から 徐京植
マタイ受難曲
バッハの暗号
異邦の身体
越境する想像力
ブレヒト戯曲全集
ブレヒトの写針詩
ゴドーを待ちながら
エリック・サティの世界
RRY MUGLER
アルトー 演劇とその形而上学 安堂信也 訳 白水社
ブレヒト戯曲全集 第1巻 ブレヒト初期作品集 未來社
ブレヒト戯曲全集 第2巻 三文オペラをふくむ音楽劇傑作集 未來社
ブレヒトの写針詩
ベスト・オブ・ベケット 1 ゴドーを待ちながら サミュエル・ベケット 安堂信也 高橋康也 訳 白水社
シュールレアリスム宣言 加藤直
アメリカ 加藤直 第一作品集
縄文人のことば 米山益弘
三人姉妹 アントン・チェーホフ 白水uブックス 128
OMS戯曲賞 Vol.2
サティとコクトー 理解の誤解 両者の関係性の実像に迫る! 新評論
エリック・サティの世界 小沼純一
エリック・サティ文集 オルネラ・ヴォルタ 編 岩崎力 訳 待望の完訳 決定版
音楽とは何か
ジョン・ケージ サイレンス 柿沼敏江 訳 現代音楽の《バイブル》
カフカノート 高橋悠治 みすず書房
エリック・サティ展 Exposition Erik Satie 2000
上方落語 米朝 おさだまり噺 小佐田定雄 弘文出版
桂枝雀

振付家・ダンサーの山田うんさんは九年前に自宅を建て替えた際に階段脇の壁全面に白い本棚を作り付けた。一階から三階まで届く本棚は高さ七・五メートル、幅四・六メートルとたっぷりしたサイズで、夫婦ふたりの本が整然と並ぶ。稽古場のある一階部分の棚にはバレエや体関係の実用書、CDなどが並び、三階部分には主に昔のアルバムや漫画などが並んでいる。リビングの壁面になる二階部分は箱状の棚が七段十列並ぶ形で、趣味の本から仕事の資料までが収められている。二階の最下段は文庫が並んでいるが、陽当たりがいいため、背が焼けてしまい書名がわからない本も少なくない。ひと箱にまとめられた『あしたのジョー』も日焼けして、背が読める巻と読めない巻に分かれているのが面白い。小説はケルアック、クリストフ、ピンチョンなど、海外文学がほとんどで、日本人作家の小説は村上春樹、村上龍が数冊ずつある程度。基本的に階段に座って読むので、創作中の作品に関係する資料は腰かける場所の横にひと箱にまとめておく。使い終わった本はジャンルごとに移動するので、イスラエル関連、東欧関連など、箱ごとに揃っている。二千冊ほどの本が並んでいるが、まだまだ余裕たっぷり。洋書の写真集が面陳になっていたり、夫が幼稚園のときに描いた絵が飾られたりしている、羨ましくも美しい本棚なのである。

山田うん（やまだうん　振付家・ダンサー）２０１７年５月号

日下潤一

レアな画集に「本」の本、描き文字多彩な背表紙がずらり

BAUHAUS
Typography and Graphic Design
Manual of Typography
Mid-Century Ads
Advertising from the Mad Men Era
LE CORBUSIER LE GRAND
POSTER
Swiss Graphic Design
木村荘八
HATS
GARY TAXALI
小説現代

Eye of the Beholder
Photographs from the Collection of Richard Avedon

ERIC GILL The Engravings
Saul Steinberg
アルフレッド・ヒッチコック
フェデリコ・フェリーニ
ART DECO
in the Twentieth Century
HENRI CARTIER-BRESSON
SCRAPBOOK
SURREAL THINGS
ERIC GILL · The Sculpture
GRAPHIC DESIGN 20TH CENTURY
THE HISTORICAL ATLAS OF NEW YORK CITY
Bonnard
LETTERPRESS The allure of the handmade David Jury
HIROSHI SUGIMOTO
bill
THE REAL VAN GOGH
a measure of all things
ANNIE LEIBOVITZ AT WORK
exchange and transformation, 1910–1930
BRITISH PRINTS FROM THE MACHINE AGE
Samuel Colt
CIRCUS
RICHARD AVEDON PORTRAITS
revival of the fittest
The Stars
デンマークの椅子
DESIGN WRITING RESEARCH
The Great Song Book
kotoba
LOLITA THE STORY OF A COVER GIRL
THE AMERICANS
Pentagram Book Five.
The Cool Pool
ARCHITECTURE NOW!
中國書史
近代書史
日本書史
石川九楊
大佛次郎賞
THE MACHINE AGE
TASCHEN
Nan Goldin
MASTERPIECES FROM THE PEGGY GUGGENHEIM COLLECTION
ボブ・ディラン スクラップブック
Jeff Wall
1956 1966
Philip Johnson
LEON KOSSOFF
Antony Gormley
Mon année
TERENCE CONRAN
Alcazar to Zinc
ADRIAN FRUTIGER–TYPEFACES. THE COMPLETE WORKS
PARIS BISTRO COOKING
gerd arntz graphic designer
The Rembrandt House
TYPOLOGY
Droog Design
DAVID BYRNE
ALPHABET
HANK WILLIAMS
JAN TSCHICHOLD typographer
The Photobook: A History volume I
The Photobook: A History volume II
ALI RAP
TASCHEN
DESIGN WRITING RESEARCH
WILDTHING
LEE MILLER'S WAR
BETTINA RHEIMS FEMALE TROUBLE
SCHIRMER/MOSEL
TRADITION and the unpredictable
A. Quincy Jones
THE BALLAD OF SEXUAL DEPENDENCY
字通
白川静
ARTIST FILE 2011
FORNICON
アート&フォトグラフィー
Richard Meier Architect
INDIAN CIRCUS
CASA BARRAGAN
DISFARMER
The Bible
Visual chat... letter A? The art of looking sideways. How to turn knots into bows. When does 1 and 1 add up to 3? Why sit with your back to the view? Notes on the
1,001 Dogs

DOUGHNUTS BOOKS
いがらしみきお
手製本を楽しむ
Emil Nolde
Hodler
Be Kind
LB31 TOSKA
レンズ汎神論
飯田鉄
浮世絵の歴史
魅惑のアルファベット
Be Brave
SURFING SAN ONOFRE TO POINT DUME
Boy by Ron Mueck
Anthony d'Offay
CANDY
原弘 デザインの世紀
英国の私家版
THE GLASS HOUSE
The 100 Best Business Books
1000 IMMEUBLES ET MONUMENTS DE PARIS
日本の文字文化を探る
FROM HERE TO THERE: ALEC SOTH'S
RACHEL WHITEREAD
Charlotte Mullins
BILL BRANDT SHADOW & LIGHT
Robert Frank's The Americans
A HISTORY OF ANDRES SERRANO
A HISTORY OF SEX
ENCYCLOPAEDIA OF TYPE FACES
RON MUECK
IRVING PENN SMALL TRADES
Raymond Depardon, 7 × 3
Man Ray
aperture
Summer 2014
Winter 2013
DIANE ARBUS MAGAZINE WORK
Richard Paul Lohse
A GENEALOGY OF KNOWLEDGE
LAURENCE KING

恋愛実務知識
竹とんぼ
新劇の足音
お嬢さん放浪記
ある日その人
小説 桂春団治
夜の配役
青年の汚名
大江健三郎
ここだけの女の話
田辺聖子
球形の荒野
松本清張
理想の良人

Claes Oldenburg Multiples in Retrospect 1964-1990
Van Gogh in Context
DAVID ARMSTRONG NAN GOLDIN
HORTA
STARCK
SUGIMOTO PORTRAITS
DIANE ARBUS
THE PORTRAITS OF DUANE MICHALS 1958-1988
RICHARD AVEDON EVIDENCE 1944-1994
AVEDON AN AUTOBIOGRAPHY
RANDOM HOUSE
EASTMAN KODAK
ピカソ全集
2バラ色の時代
3キュビスムの時代
5幻想の時代
7版画
4新古典主義の時代
6平和の時代
1青の時代
海を渡った中国の書
王羲之から空海へ
BRUXELLES
Daido
MAPPLETHORPE
TANGRAM
AUGUST SANDER
ONCE UPON A TIME
Man Ray
石田徹也遺作集
TETSUYA ISHIDA
Squeak Carnwath
HIGHWAY
The COMPLETE PEANUTS CHARLES M. SCHULZ
1950 TO 1952
1953 TO 1954
1955 TO 1956
1957 TO 1958
1959 TO 1960
1961 TO 1962
1963 TO 1964
1965 TO 1966
1967 TO 1968
1969 TO 1970
1971 TO 1972
1973 TO 1974
1975 TO 1976
1977 TO 1978
FANTAGRAPHICS BOOKS
THE ART OF PEANUTS CHARLES M. SCHULZ
敗北を抱きしめて 下 ジョン・ダワー
敗北を抱きしめて 上 ジョン・ダワー
フォースター 老年について 寛容と叡智
鮨を極める 早瀬圭一
波止場日記
アメリカ野球主義 芝山幹郎 ボールパークへようこそ
CICCI COCCO Enzo Arnone Bruno Munari
期待と回想 鶴見俊輔

ブックデザイナー日下潤一さんの自宅書庫は四畳ほどのスペースだが、書庫としてリフォームしただけあり、収容力は半端ではない。奥の壁面一面は天井まで三連スライド式の木製本棚が作り付けられていて、手前に図書館のような前後可動式のずっしりとしたスチール製の本棚が三棹据えられている。さらに廊下との仕切り代わりに奥行のある木製の本棚が天井まで作り付けられ、廊下側と書庫側それぞれに向けて本が並べられるようになっている。並んでいる本は大判の洋書がメインだが、たくさん置けるよう横積みにしているものが半数以上。写真集、画集、イラストレーターの作品集に加え、展覧会のカタログなども多く、トミー・アンゲラーのケース入り「FORNICON」をはじめ、ベン・シャーン、ロバート・クラム、エリック・ギルの珍しい本が何冊もあるらしい。奥のスライド式本棚には自らの装丁本のほか、食、お茶、ワイン、俳句など、ジャンルごとに整理された本が並び、ロンドンで購入したお気に入りの日記帳も二十年分保存されている。書庫のほか、廊下に百六十センチ幅と百二十センチ幅の本棚が二棹、玄関、トイレにも本棚が作り付けられているが、並んでいるのは文字と本関係の本がほとんどで、小説は橋本治が数冊あるくらい。「本」の文字が書名に入っていたらだいたい買う、というマニアックな人の本棚なのである。

日下潤一（くさかじゅんいち　ブックデザイナー）２０１７年７月号

本記事には自宅書庫に加え仕事場からのカットも一部収録。

関口靖彦

メタルCDと本が共存、密度の高い積読部屋

TAKO-PON
鬼海弘雄
PERSONA
TIBET
日本の紙クズ
PHOTOGRAPHICA
看板力
SIGN POWER
奇界遺産
HAUNTED GEAR
フロム・ヘル
描き文字のデザイン
Christer Strömholm
引越センター
世界猛獣史事典
ZWARTE BEERTJES
YURIKO 1967-73
EIKO

Sunny
Higashi Yuko Artworks
The Power of Images イメージの力
ODILON REDON
Les noirs de Redon
帝都幻談
北斎漫画
夢幻紳士

幻のロシア絵本1920・30年代
奇跡のコレクション
淡交社

最後の恋文
H.R.Giger's Necronomicon
H.Rギーガー/ネクロノミコンII
H.Rギーガー/ネクロノミコンI
EVOLUTION
骨から見る生物の進化
ヘンリー・ダーガー 非現実の王国で
YATTER-MAN
DVD-BOX 1
DVD-BOX 3
人生の階段
龍蛇
クトゥルフ
魔術師アブドゥル・ガザツィの庭園
The Pear-Shaped Man by George R. R. Martin
The Steam-Driven Boy
カレル・チャペック童話全集
ナツメグの味
最後の天才!
ポケットから出てきたミステリー
チェーホフ・ユモレスカ
物しか書けなかった物書き
ジャック・ロンドン幻想短編傑作集
ゆみに町ガイドブック
HAUNTED TRAVELLER
憑かれた旅人
孤の剃刀
赤江瀑
鉄の花
影踏み鬼
翔田寛

ダ・ヴィンチ編集長・関口靖彦氏の書庫は四畳半で、窓を除く三方の壁面に本棚が隙間なく据えられている。入口を入って右側の壁には高さ二メートル幅八十センチの木製本棚が二棹とビデオテープ（ＶＨＳ！）や趣味の同人誌などが詰め込まれた背の低い本棚が一棹（上にはダンボールが積まれている）、突き当たりの壁には高さ百八十センチ幅九十センチの木製本棚が二棹と三十センチ幅の本棚が一棹、左側の壁には高さ百八十センチ幅六十センチの本棚が五棹、そして中央のスペースには百八十センチ × 八十センチ × 六十センチと奥行たっぷりのスチールラックが三棹並んでいるのだ。わずかの隙間でも詰め込めるという理由で、本棚のほとんどの本が横積みになっているため、下に積まれた本は出しづらいことこの上なく、とくに前中後と三列に積まれたスチールラックの本は、中列の本を出すのに前か後ろの本をひと山抜かなければならず、「資料的な検索性はゼロ」。書庫というより積読部屋ですね、と本人は卑下するが、実は左側壁面に並ぶのはＣＤとカセットテープ（！）で、なんとダ・ヴィンチ編集長はデスメタルとブラックメタルの三つのバンドでボーカリストを掛け持ちするメタラー。通勤時に聴くＣＤを選ぶため毎朝、書庫に入るというから、積読部屋どころか、一日一枚、ＣＤを探す喜びが味わえる特別な空間なのである。

関口靖彦（せきぐちやすひこ　ダ・ヴィンチ編集長）２０１７年８月号

中澤真野

マニア道のスタートは小学校の図書館で

ビルマ航空戦 上
梅本弘
「レアメタル」の太平洋戦争
藤井非三四
沖縄戦 集団自決の謎と真実
秦郁彦
武漢兵站
官僚制としての日本陸軍
北岡伸一
満鉄調査部の軌跡
小林英夫
参謀次長沢田茂回想録
沢田茂 著
森松俊夫 編
芙蓉書房
日本海軍戦闘機隊
付・エース列伝
世界史の中の日露戦争
山田朗
戦間期の宮中と政治家
黒沢文貴
日本軍のインテリジェンス
小谷賢
満州事変と政党政治
川田稔
帝都復興の時代
筒井清忠
現代史の虚実
秦郁彦
太平洋戦争六大決戦
秦郁彦
実録 第二次世界大戦
秦郁彦
史録 日本再軍備
秦郁彦
日中戦争の軍事的展開
波多野澄雄
戸部良一
BANDITS in Republican China
匪賊
青年君主昭和天皇と元老西園寺
永井和
加藤高明と政党政治
奈良岡聰智
政党内閣の崩壊と満州事変
小林道彦
牧野伸顕日記
発見された超一級の昭和史資料
明と暗のノモンハン戦史
秦郁彦
検証 太平洋戦争とその戦略 1
総力戦の時代
三宅正樹 庄司潤一郎 石津朋之 山本文史
マレー作戦
満州事変史 1
イラワジ会戦
沖縄作戦
グアム島作戦
旅順要塞攻略戦
作戦日誌で綴る支那事変
井本熊男
芙蓉書房
人物で読む近代日本外交史
佐道明広 小宮一夫 服部龍二 編
永田鉄山
森靖夫 著
二・二六帝都兵乱
藤井非三四
海軍中将中澤佑
わが海軍の反省
近代日本と植民地 3
植民地化と産業化
三菱
航空エンジン史
ヒトラー最後の戦闘
永田鉄山
昭和戦争史の証言
西浦進
不思議な宮さま
東久邇宮稔彦王の昭和史
浅見雅男
昭和天皇伝
伊藤之雄
マリアナ沖海戦
川崎まなぶ
陸軍師団総覧
紫電改帰投せず
バルジの戦い 下巻
バルジの戦い 上巻
パンツァーズ・イン・ノルマンディ
東京裁判審理要目
松元直歳 編著
雄松堂
極東国際軍事裁判審理要録 第3巻
原書房
日本の軍用銃と装具
須川薫雄
日本航空史
明治・大正篇
日本航空協會
陸軍士官學校名簿
第II巻
大日本帝国陸海軍
GERMAN PARATROOPERS
VIETNAM WAR DIARY
Edited by Chris Bishop
TANK WAR
1939-1945
JANUSZ PIEKALKIEWICZ

昭和史の天皇
東京裁判 弁護側資料
家康の臣僚
倉富勇三郎日記
近現代史の最重要史料
敗戦の記録
海軍作戦
マリアナ沖海戦
支那派遣軍
陸軍航空作戦
本土防空作戦
大東亜戦争開戦経緯
本土決戦準備
陸軍作戦
沖縄方面海軍作戦
大本営陸軍部
宇垣一成日記
現代史資料
危機のなかの協調外交
大東亜戦争全史
張鼓峯事件
シベリア抑留関係資料集成
二・二六事件
日本海軍士官総覧
原敬日記 5
近代史必携
事典 昭和戦前期の日本
近現代日本人物史料情報辞典
GHQ 終戦史資料
香港・長沙作戦
陸軍航空作戦
海軍進攻作戦
STEEL MY SOLDIERS' HEARTS
太平洋戦争への道
昭和造船史
世界諸国の制度・組織・人事 1840-1987
高松宮日記
比島攻略作戦
マレー進攻作戦
河南の会戦
海上護衛戦
昭和天皇実録
現代史資料
日本ファシズム研究序説
入江相政日記
西園寺公と政局
近代日本の研究開発体制
第二次世界大戦 戦争指導史
戦藻録
本庄日記
日本騎兵史
機密日露戦史
陸軍成規類聚 研究資料
陸軍将校の教育社会史
空気力学の歴史
枢密院の研究
日中戦争から世界戦争へ
盧溝橋事件の研究

言論統制
佐藤卓己
昭和天皇
古川隆久
日本軍と日本兵
一ノ瀬俊也
静岡連隊物語
静岡新聞社編
近代日本の官僚
清水唯一朗
陸軍中野学校極秘計画
斎藤充功
「大日本帝国」崩壊
加藤聖文
日記逍遥 昭和を行く
山本一生
統帥権と帝国陸海軍の時代
秦郁彦
南京事件
秦郁彦
鉄道と日本軍
竹内正浩
参謀本部と陸軍大学校
黒野耐
内奏 天皇と政治の近現代
後藤致人
近現代日本を史料で読む
御厨貴編
対談 昭和史発掘
松本清張
世界の駄っ作機6
世界の駄っ作機7
世界の駄っ作機 蛇の目の花園2
英国軍艦勇者列伝
世界の駄っ作機4
世界の駄っ作機 蛇の目の花園
岡部いさく
日本陸軍と中国
戸部良一
日本陸軍と内蒙工作
森久男
闘う皇族
浅見雅男
解明・昭和史
筒井清忠編
大本営発表の真相史
冨永謙吾
浜口雄幸
川田稔
フォークランド戦争
サンデー・タイムズ特報部編
力学入門
長谷川律雄
東京裁判
日暮吉延
華族総覧
千田稔
広田弘毅
服部龍二
人間・始皇帝
鶴間和幸
岩波新書
昭和史の論点
坂本多加雄 秦郁彦 半藤一利 保阪正康
シベリア抑留
栗原俊雄
銀時計の特攻
江森敬治
学歴・階級・軍隊
高田里惠子
歴代海軍大将全覧
歴代陸軍大将全覧 大正篇
歴代陸軍大将全覧 明治篇
歴代陸軍大将全覧 昭和篇 満州事変・支那事変期
歴代陸軍大将全覧 昭和篇 太平洋戦争期
半藤一利+横山恵一+秦郁彦+原剛
中国的天空 下
中国的天空 上
中山雅洋
NAVI
クルマが先か?ヒコーキが先か?
岡部いさく
二玄社
鉄十字の騎士
ゴードン・ウィリアムソン
マクナマラ回顧録
ロバート・S・マクナマラ
ウィンゲート空挺団
ビルマ奪回作戦!
第一次世界大戦の起原
ジェームズ・ジョル
徴兵制と近代日本
加藤陽子
朝鮮戦争/韓国篇 上
建軍と戦争の勃発前まで
佐々木春隆
西園寺公と政局
第三巻
第七巻
第四巻
第八巻
第六巻
別巻
第五巻
原田熊雄述
岩波書店
ジャズ・ネクスト
スタン・ゲッツ
WILLIAM CLAXTON
Jazz seen
DOWNBEAT THE GREAT JAZZ INTERVIEWS
RIVERSIDE JAZZ RECORDS
Stan Getz
DAVE GELLY
ジャズ・アネクドーツ
ビル・クロウ
村上春樹・訳
ビル・エヴァンス
ピーター・ペッティンガー
スコット・ラファロ
The Life and Music of Scott LaFaro
海上護衛戦
羽生の法則
羽生善治
華北戦記
桑島節郎
第二次大戦航空史話
秦郁彦
昭和史の謎を追う 上
秦郁彦
与太郎戦記
春風亭柳昇
WWIIドイツの特殊作戦
広田厚司
日米開戦と真珠湾攻撃秘話
雍正帝
宮崎市定
ノモンハン4
佐倉連隊にみる戦争の時代
日本陸軍機全集
飛行機模型の作り方
ARMY

THE BATTLE OF LEYTE GULF
WILLMOTT
INDIANA
よくわかる航空力学の基本
政治勢力としての陸軍
Les Batailles de Napoléon
ナポレオンの戦役
ナポレオン帝国
ジェフリー・エリス
岩波書店
慰安婦問題の決算 現代史の深層
秦郁彦
PHP
陸軍士官学校事件 二・二六事件の原点
中公選書
マレー戦記
華南戦記 広東攻略から仏印進駐まで
兵器と戦術の世界史
海軍予備学生
ニューギニア砲兵隊戦記
大畠正彦
ルソン戦記
河合武郎
史記を語る
宮崎市定
戦争映画名作選
ブラックホーク・ダウン 上
マーク・ボウデン
ブラヴォー・ツー・ゼロ
アンディ・マクナブ
ルソンの砲弾
本当の戦争の話をしよう
T・オブライエン
私の中の日本軍（下）
山本七平
諜報憲兵
沖縄決戦 高級参謀の手記
八原博通
証言その時々
大岡昇平
中国侠客列伝
井波律子
陸軍人事
藤井非三四
増補 十字軍の思想
山内進
中世ヨーロッパの騎士
太平洋戦争航空史話（上）
秦郁彦
史記列伝（一）
補給戦
史記列伝（二）
機動部隊出撃
ルソン海軍設営隊戦記
「鬼兵団」ルソンに散る
「丸」編集部 編
アーロン収容所
会田雄次

国書刊行会営業部長中澤真野氏の自宅には自社の本はおろか、普通の出版社の本も数えるほどしかない。本棚の一等地を占めるのは防衛庁防衛研修所戦史室編の「戦史叢書」(朝雲新聞社)全百二巻だ。なんと本棚に並ぶ本の九割は軍事関係か近・現代史関係で、ほかは将棋とジャズの本がちらほらあるばかり。実際に購入するのは軍事関係以外の本のほうが多いが、読み終わったらすぐにダンボール箱に入れて処分するとのこと。以前、本棚からあふれた軍事関係の本もダンボール箱に入れていたら、間違えて古本屋に売ってしまったことがあり、本棚を一棹買い足したそうだ。小学校の図書室で国書刊行会刊の神風特別攻撃隊写真集を見て感動したのが国書と軍事ものとのファーストコンタクトで、以来、戦友会が自費出版した連隊史や高官の日記類などの一次資料を買い集め、二〇〇七年十二月刊の『戦争と美術 1937-1945』(国書刊行会)では画題解説も執筆。出身地を聞けば、その師団の第何連隊はどこそこで玉砕したとか、軍隊情報が即座に出てくるので、全国の図書館に営業で行く際など、話の糸口として大変役に立つらしい。そんな中澤部長のイチ押しは緑蔭書房の『陸軍成規類聚』。陸軍の規則が載っている本で、これがあれば陸軍のすべてがわかる!とのこと。蔵書は千五百冊強だが、まさに打てば響く熟読玩味の本棚なのである。

中澤真野(なかざわしんや 国書刊行会営業部)2017年10月号

田中すけきよ

アメコミ&海外マンガならこの部屋におまかせ

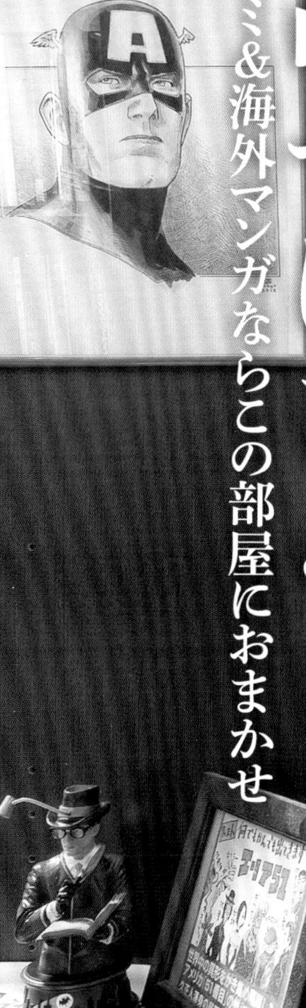

Magnetic S&P Shakers
BATMAN ETERNAL
DARK KNIGHT
KINGDOM COME
WATCHMEN
HELLBOY
ROBIN YEAR ONE
64

スヌーピー
PORTFOLIO
GOMI TARO CATALOGUE PART 2
不思議の国のアルファベット
いわさきちひろ全集
いわさきちひろ全集
いわさきちひろ全集
武部本一郎画集
MANUAL FILE BOOK Vol.1
ハルク
ハルク
ハルク
マイティ・ソー
ミス・マーベル
闇の国々
闇の国々
闇の国々
闇の国々
Le Monde d'Edena
Moebius
Les Technopères
わが名はレギオン
KOMA
BEFORE THE INCAL
MILAN K
カスタカ
ミランK
FINAL INCAL
ヴァンパイアの大地
MISS
ガラスの剣
オリュンポス
メタ・バロンの一族
THE MAD SAMPLER
MAD STRIKES BACK!
神様降臨
デス・クラブへようこそ
MONSTER

国枝史郎伝奇風俗／怪奇小説集成
ナボコフ全短篇
ウラジーミル・ナボコフ
La guerra del fin del mundo
世界終末戦争
ノーベル文学賞受賞
新パパイラスの舟と21の短篇
ミステリ・エッセイ＋短篇アンソロジー
P・G・ウッドハウス
マリナー氏の冒険譚
マヨラナ
日本妖怪ミイラ大全
山口直樹
トニー・デュヴェール
小鳥の園芸師
白水社
筑摩書房
邪眼
桜庭一樹氏推薦！
海底バール
私のいた場所
バン、バン！はい死んだ
怪樹の腕
荒俣宏 推薦
スターリン・ジョーク
平井吉夫
あるチョッパーの死
SFまで10000光年
SFまで10万光年以上
水玉螢之丞
こんなもんいかがっすかぁ
元祖水玉本舗
水玉螢之丞作品集
死のドライブ
絢爛たる屍
ウェットワーク
けだもの
国の果ての光
ライヴ・ガールズ
ブレイン・ドラッグ
ブルー・ワールド
嘲笑う闇夜
獣な物語
もっと獣な物語
ボックス21
オーロラの魔獣
魔女遊戯
一九八四年
MORSE
スフィンクスか、ロボットか
夜な夜な天使は舞い降りる
いろいろのはなし
口のなかの小鳥たち
ALPHABLOCK
COUNTABLOCK
THE SPIDER-MAN VAULT

歌川国芳
さかさまさかさ
世界が広がる
ロジャー・プライス
エイモス・チュツオーラ
想像力による世界の変革
ポーランドの幻想文学
沼野充義
オービット
世紀の快楽
ピーター・ケイズ
裸体の罠
知られざる名作の数々
ミュージアム
ポポローグの大図鑑
幽霊海賊
ウィリアム・ホープ・ホジスン
異次元を覗く家
〈グレン・キャリグ号〉のボート
失われた者たちの谷
七つ星の宝石
ブラム・ストーカー
エイルマー・ヴァンスの心霊事件簿
塔の中の部屋
ウェンディゴ
魔術師の帝国
魔術師の帝国
ジョージおじさん ―十七人の奇怪な人々―
魔女を焼き殺せ!
翼のジェニー
菲沢靖
This is Kyōsai!
フランク・ミラー・ホーリー・テラー
ホーリー・テラー
描かれた病
スチームパンク造形作品
幽霊船
赤い館
郵便局と蛇
消えた太陽
オスカー・ワオの短く凄まじい人生
こうしてお前は彼女にフラれる
遁走状態
燃える平原
さくらんぼの性は
現代アフリカ文学短編集
両シチリア連隊
物語りの魔法
恐怖の愉しみ
夢みる者の書
魂の謎と恐怖
想像力の冒険
炸裂する暴力と死
愉快な冒険ファンタジイ
反ミステリの金字塔
BRIAN FROUD · THE WORLD OF THE DARK CRYSTAL ·
GOBLINS!
FROUD + JONES
THE GOBLINS OF LABYRINTH
BLOCK & ERDMANN
LABYRINTH
The Ultimate Visual History
猿蟹合戦
ミヒャエル・ゾーヴァ展
新・講談社の絵本
LITTLEST LOVECRAFT THE CALL OF CTHULHU
KENNETH HITE
THE ANTARCTIC EXPRESS
Clifford THE BIG RED GOD
WHERE THE DEEP ONES ARE
怪獣17P
四つ足になった金融王
ラドガ壊滅
過去の影
夕陽の国ドノマーガ
ソビエトSFの決定版!
私が選んだもっとも怖い話
魔女を焼き殺せ
呪いを売る男
寝室に棲む亡妻
JOY COMICS 6

水玉螢之丞研究家・田中すけきよ氏は3LDKの自宅マンションの六畳二間を書斎、書庫として使用。窓をつぶした書庫は壁面に隙間なく本棚が設置され、かつて窓だった箇所にはスパイダーマンやバットマンなど、アメコミやバンド・デシネがぎっしりと並んでいる。右隣のスライド書棚は三重式で早川のSFシリーズや各社のSF文庫が収められている。その横の本棚にはちくま文庫がきれいに並べられ、棚の上にビニール袋入りの漫画雑誌の切り抜きが保存されている。単行本化されていないものだが、もうなんだったのか覚えていないらしい。向かい側の棚には絵本や画集、図録など大判の本と鹿島茂、荒俣宏など博覧強記系のノンフィクションにちょっと珍しい新書などが並ぶ。絵本や画集は同居している妻の所有物だ。書斎のガラスケースにはアメコミやディズニー関連のフィギュアが飾られ、その横にダンボールに入った水玉螢之丞の関連資料が何箱も積まれている。このマンションに引っ越してきたのは七年前で、入居当初は書斎の本棚はSFマガジンが創刊号から順に並んでいるだけだったが、いまではその手前に海外文学系の本がどかどかと置かれ、ロゴの一部が見えるだけ。だが、整理されていないコレクションはゴミだと思っている、と断言するだけあって、七千冊強ありながらも整理が行き届いてる驚異の書庫なのである。

田中すけきよ（たなかすけきよ　水玉螢之丞研究家）２０１７年12月号

夏目房之介

懐かしのレア作と最新流行作が同居する漫画資料室

ガロ
ゲゲゲの鬼太郎
水木しげる
全7巻 ちくま文庫
大書源
歴史学事典
わが街 わが都電
新宿の1世紀アーカイブス
昭和の時代
幻景の東京
東京消える
甦る幕末
北斎漫画
月岡芳年画集
皇室の名宝
人体の世界
大絵巻展

レイアウトの法則
Sting
日本の絵本史 II
日本国宝展
文章・夏目漱石
ファンタスマゴリア
SONY
明治東京名所図会
MOTOWN

菊地秀行
和田誠 村上春樹
知られざる初期作品群
SF幻想から青春物まで
時代劇の傑作を集大成
'60年代の衝撃が甦える!
マンガの表現方法を
嘘か真か真か嘘か
江戸を見に往く
古川柳の豊かな世界
ヨーロッパ、ニッポン
THE MARVEL OF MANGA
COLOR ENGINEERING
夏目漱石
新宿の1世紀アーカイブス
東京空間 1868-1930 1 東京時代
東京空間 1868-1930 2 帝都東京
東京空間 1868-1930 3 モダン東京
写真集 幻景の東京 大正・昭和の街と住い 藤森照信 初田亨 藤岡洋保 編著 柏書房
昭和の時代 50年間の軌跡 小学館
江戸の町
モダン化粧史
ひらがな日本美術史 橋本治
東京消えた街角
甦る幕末 ライデン大学写真コレクションより 二度と撮れない貴重な街角記録 後藤和雄 松本逸也 編 朝日新聞社
和漢百物語 月岡芳年
魁題百撰相 月岡芳年
北斎漫画 三
月岡芳年画集 講談社
狩野探幽展
万国博覧会の美術
皇室の名宝
若冲と江戸絵画 JAKUCHU and The Age of Imagination
大倭の世界
本草図説 水産 高木春山
大英博物館蔵江戸美術展
大絵巻展
すべての僕が沸騰する 村山知義の宇宙
十二世紀のアニメーション 高畑勲
パロディ、二重の声
江戸の出版事情
河鍋暁斎と江戸東京
安倍晴明と陰陽
アフリカ
OEUVRES DE JO
漫画大博物館 松本零士 日高敏
現代漫画博物館 The Encyclopedia of Contemporary MANGA 日本初の現代漫画事典ついに誕生!
マンガの読み方
少年マガジン 実録! 編集奮闘記 宮原照夫
漫画原論 四方田犬彦
日本漫画百年
表象
封印されたマンガ!
ピランジ
まんが編集術 西村繁男
漫画の達人
岡田斗司夫 オタク学入門
戦後日本スタディーズ
少女少年のポリティクス
コミックメディア
情報は生きている
マンガ批評宣言
手塚漫画のはじまり
新宝島
黄金バット
ジャングル魔境
ロストワールド
メトロポリス
来るべき世界
漫画大学
化石島
タイガー博士
罪と罰
ジャングル大帝 手塚治虫著
ジャングル大帝 2 手塚治虫著
ファウスト
武蔵坊弁慶
手塚治虫

かむろば村へ 1 いがらしみきお
かむろば村へ 2 いがらしみきお
かむろば村へ 3 いがらしみきお
かむろば村へ 4 いがらしみきお
I いがらしみきお 東北の地で、神様を探す。 IKKI COMIX 小学館
2 いがらしみきお 不幸の穴を、埋めてみろ。 IKKI COMIX 小学館
3 いがらしみきお 見ればそうなる。 IKKI COMIX 小学館
1 いがらしみきお
2 いがらしみきお
カボチャの冒険 五十嵐大介
あたしンち 1 けらえいこ
あたしンち 2 けらえいこ
あたしンち 3 けらえいこ
ぼくんち 3 西原理恵子・小学館
ぼくんち 2 西原理恵子・小学館
ぼくんち 1 西原理恵子・小学館
秘密 清水玲子
秘密 トップ・シークレット 清水玲子
愛…しりそめし頃に…
鋼の錬金術師 荒川弘
鋼の錬金術師 研究書
銀の匙 Silver Spoon 荒川弘
ACTION COMICS マエストロ 1 さそうあきら 双葉社
魔女 第2集 五十嵐大介
魔女 第1集 五十嵐大介
海獣の子供 1 五十嵐大介 IKKI COMIX 小学館
海獣の子供 2 五十嵐大介 IKKI COMIX 小学館
海獣の子供 3 五十嵐大介 IKKI COMIX 小学館
海獣の子供 4 五十嵐大介 IKKI COMIX 小学館
海獣の子供 5 五十嵐大介 IKKI COMIX 小学館
SARU 五十嵐大介 IKKI COMIX
SARU 五十嵐大介 IKKI COMIX
青空にとおく酒浸り 1 安永航一郎
青空にとおく酒浸り 2 安永航一郎
青空にとおく酒浸り 3 安永航一郎
バガボンド 21 井上雄彦 武蔵、変貌！
バガボンド 22 井上雄彦 武蔵狩り、始まる!!
バガボンド 23 井上雄彦
バガボンド 24 井上雄彦
バガボンド 25 井上雄彦
バガボンド 26 井上雄彦 数の圧
バガボンド 27 井上雄彦
バガボンド 28 井上雄彦
バガボンド 30 井上雄彦
バガボンド 31 井上雄彦
バガボンド 32 井上雄彦
バガボンド 33
バガボンド 34 井上
バガボンド 36 井上雄
リアル 1
リアル 2 井上
リアル 3
リアル 4
リアル 5
リアル 7
リアル 8
リアル 9
リアル 11 井上
リアル 12 井上雄
リアル 14 雄彦
フイチン再見！ 1
フイチン再見！ 2
フイチン再見！ 3
フイチン再見！ 4
フイチン再見！ 5
フイチン再見！ 6
フイチン再見！ 7
フイチン再見！ 8
スティーブ・ジョブズ 2 Steve Jobs
テルマエ・ロマエ 1
プリニウス
プリニウス 完全ガイド
スティーブ・ジョブズ 3 Steve Jobs ヤマザキマリ
スティーブ・ジョブズ 4 Steve Jobs ヤマザキマリ

あずまきよひこ
コージィ城倉
荒川弘
一條裕子
OUT 二ノ宮知子
星守る犬 村上たかし
ROMANCE
BALI島から愛をこめて 恒吉彩生子
ほしよりこ きょうの猫村さん1
ほしよりこ きょうの猫村さん2
少女漫画 松田奈緒子
竹光侍 松本大洋 永福一成
大阪ハムレット 1 森下裕美
大阪ハムレット 2 森下裕美
大阪ハムレット 3 森下裕美
ドロヘドロ 1 林田球
花のズボラ飯 久住昌之 水沢悦子
劇画寄席芝浜 辰巳ヨシヒロ
パリの迷い方 パリからの刺客?
冒険エレキテ島 1 鶴田謙二
機神幻想ルーンマスカー 1 出渕裕
フューチャー・イズ・ワイルド THE FUTURE IS WILD
鼻下長紳士回顧録 上 安野モヨコ
ミュジコフィリア さそうあきら
ブラックジャックによろしく 9 佐藤秀峰
アオイホノオ 島本和彦
BAKUMAN。 大場つぐみ 小畑健
金魚屋古書店 1 芳崎せいむ
金魚屋古書店 2 芳崎せいむ
男の星座 梶原一騎 原田久仁信
のらみみ 2 原一雄
のらみみ 3 原一雄
BECK
黄昏流星群 弘兼憲史
カイジ 福本伸行
黒沢 福本伸行
万祝 まいわい
ブランコ ウィスット・ポンニミット
帽子の下の煙
阿・吽 おかざき真里
ダンジョン飯 1 九井諒子
ダンジョン飯 2 九井諒子
あしたのジョーに憧れて 川三番地

漫画家残酷物語 永島慎二
秘密探偵JA 望月三起也
忍法秘話
噂の武士 つげ義春
日の丸くん 大友朗
鉄人28号 横山光輝
ロボット長島 貝塚ひろし
テレビ小僧 石森章太郎
台風五郎 さいとう・たかを
鉄人28号 横山光輝
赤いトナカイ 石森章太郎
スパイ大作戦 滝田ゆう
幻魔大戦
ナック 2
無風伝 2 白土三平他
劇画マガジン
魔像 赤穂浪士 赤穂吹雪
ブラック・ジャック
漫画家残酷物語 2 永島慎二
幕末風雲伝 つげ義春
ゴローニーが行くv!! 1
1970年代記 畑中純
影 街
劇画誕生50周年!! 伝説の創刊号を完全復刻!! 限定版 小学館
黄色い涙 永島慎二 嵐主演映画
少年幻燈館 勝川克一
風の石丸 白土三平
街角のオジギビト とり・みき
鉄人28号 横山光輝
鉄人28号誕生
先生と僕 香日ゆら
「非情」の俳句 西池冬扇
手塚治虫劇画作品集 花とあらくれ 手塚治虫
屁のような人生
角川書店
変奏曲
太陽をぶちおとせ! 永島慎二
甲賀武芸帳 白土三平
限定版BOX 1
江戸ッ子健
ぼく
戦後70年
豪華限定版

青春相続人
宮谷一彦
青林堂
完全版 肉弾時代
宮谷一彦
太田出版
俺たちの季節
宮谷一彦
肉弾時代
宮谷一彦
スーパーバイキング
宮谷一彦
錆びついた命
L'EVEIL
気分はもう戦争
矢作俊彦・大友克洋
GOOD WEATHER
大友克洋
ショート・ピース
大友克洋
ACTION COMICS
ハイウェイスター
大友克洋
双葉社
真崎・守
真崎・守
花と修羅
はみだし野郎の子守唄
真崎守選集
水木しげる貸本時代ロマン 下
水木教信者 垂涎の一冊!!
太田出版
墓場鬼太郎
妖奇伝
水木しげる
青林堂
マッチ売りの少女
小池桂一
神崎夢現
講談社

漱石研究年表
増補改訂
浦沢直樹
虎の巻
SFグラフィックス
SFファンタジア 6 マンガ編
LIKE A BALANCE LIFE
RANGE MURATA
百花庭園の悲劇
FULL FLOWER GARDEN
夢の博物誌
ロードス島戦記
山田章博
魔法使いの弟子
紅色魔術
おぼろ探偵帖
Spirit of Wonder
鶴田謙二
Forget me not
鶴田謙二
GAINAX
INTRON DEPOT 1
士郎正宗
OTOMO KATSUHIRO
KODANSHA
OTOMO KATSUHIRO
KABA ART WORK
ヘンゼルとグレーテル
大友克洋
水素
鶴田謙二
藤子不二雄Ⓐ
山田章博
エリザベート

マンガ批評家、エッセイスト、大学教授と三つの顔を持つ夏目房之介さんは本棚も、自宅、大学の研究室、そして事務所の三か所に分けて置いている。本棚数がいちばん多いのは事務所で、三LDKのマンションの三つの居室とLD、廊下まで、三分の二ほどの壁面に本棚が設置され、膨大な数の本が収納されている。ここに事務所を移した九九年当初は学生が揃えてくれたそうだが、現在はあふれた本が床のあちこちに横積みになっていて、「さながら未整理の倉庫」。手前の部屋は漫画資料室で、最近のコミックから古い「ガロ」のバックナンバーまでが並んでいる。仮眠用ベッドがある部屋には漫画の復刻本と六、七〇年代の古い漫画、机のある仕事部屋には手塚治虫の作品と漫画批評の資料がぎっしり。LDの棚には「大書源」や画集など大判の本のほか、吉本隆明や半藤一利の著作等、活字の本も並ぶが、下段の開き戸の中には、なんと貸本漫画と古い付録漫画が！　貴重な本は見せびらかすのではなくしまっておく性格のようだ。漱石関連や書の本などは自宅、資料は研究室と基本的に分けているが、執筆仕事の際は資料が必須なので、自宅と研究室と事務所の三か所を必要な本をキャリーに詰めてぐるぐる回っていると笑う。分散しているため、あるとわかっていても見つけられない本も多いとのことで、三か所書庫は意外に不便らしい。

夏目房之介（なつめふさのすけ　マンガ批評家、エッセイスト、大学教授）
２０１８年１月号

神谷竜介
函入り随筆集の存在感

世界の大思想
プラトン
アリストテレス
デカルト
カント
新川和江詩集
熱帯の自然
世界探検史
モンテスキュー 法の精神
ウェーバー 政治・社会論集
キルケゴール
ニーチェ
サルトル
日本改造計画
小沢一郎
経済暗雲
経済失政
犯意なき過ち
滞欧日記
アジア特電 1937-1985
遊牧民から見た世界史
収奪の大地
終末のオルガノン
アリス狩り
目の中の劇場
綺想の饗宴
表象の迷宮
身体の未来
高山宏
ザ・レイプ・オブ・南京の研究
時の肖像
最後のひと
無想庵物語
敗者学のすすめ
書物の解体学
新・書物の解体学
吉本隆明
赤い鳥 研究
座談会 大正文学史
明治の作家
劇場としての書店
棚の思想
小川道明
座談会 明治文学史
明治天皇
日本の天皇政治
伊藤博文
知識人
高度成長
学校と工場
安全保障
占領期
医療
群衆
女性と家族
東京
自民党
日本の近代
幕末政治家
近代世界システム
人間の経済
日本／権力構造の謎
THE ENIGMA OF JAPANESE POWER
濱口雄幸伝
グラッドストン
帝国の興亡
経済大国興亡史
大国の興亡
大正知識人の思想風景
「維新革命」への道
新日本政治思想史
明治地方自治体制の起源
日本憲政史

天皇の世紀
大佛次郎
パリ燃ゆ
本の虫
鈴木勉の本
字游工房
編集長の情報術
希望の書店論
福嶋聡
編集者
川上隆志
理想の出版を求めて
大塚信一
山口昌男の手紙
雑誌記者 池島信平
中央公論社と私
粕谷一希
書店繁盛記
本に恋して
松田哲夫
印刷に恋して
西欧との対決
三島由紀夫伝説
三島由紀夫と自衛隊
烈士と呼ばれる男
剣と寒紅
三島由紀夫の世界
三島由紀夫 死と真実
三島由紀夫の生涯
安藤武
奔馬
春の雪
天人五衰
暁の寺
三島由紀夫
紙の世界史
印刷という革命
本屋風情
書店不屈宣言
田口久美子
出版再生
昭和出版残侠伝
満洲出版史
ユリイカ
ハヤカワ文庫SF総解説2000
本の雑誌
白い帆船
庄野英二
日本風景論
家と女性
パプスブルク君主国 1765-1918
ロビン・オーキー
狂風記 上 石川淳
狂風記 下 石川淳
本年度朝日賞受賞
物語 岩波書店百年史 1
紅野謙介
物語 岩波書店百年史 2
佐藤卓己
物語 岩波書店百年史 3
苅部直
使徒的人間
カール・バルト

千倉書房編集部長神谷竜介さんの自宅マンションは3LDKだが、八畳の書斎に並べられた十一棹の本棚とリビングに設置された重厚なスライド書棚二棹では三万冊を超える蔵書はとても納まり切らず、玄関から廊下にかけて本の山脈が続いている。廊下中央には新書が二千冊ほど横積みになっているが、倒れないように背と小口を交互にして積んでいるため半分以上は背が見えない。寝室の床にも本の山がそびえ、ベッドまでの獣道以外は足の踏み場がない。一方、本棚の本はジャンルごとに整理されていて、リビングの二棹は近代政治学。明治維新から昭和までの資料が経済政策、外交、日記などに分類されている。大学生のときに家賃を当てて『原敬日記』を購入して以来、日記にはまり続けているそうで、河井彌八、近衛文麿、宇垣一成、芦田均と政治家たちの日記が一等地を占める。手前の床にイスラム関係の資料が積んであるが、仕事で使い終わり戻そうとしたら入らなくなっていたのである。文庫棚三棹分とほぼ同量の本が会社にもあり、必要になるたび移動しているのだが、棚に入らずダンボールに入ったままの本も少なくないそうだ。八畳の書庫は歴史、政治、経済等、社会学系のほか文芸書も並び、文庫棚は著者の五十音順。著者名プレートで仕切られているが、古いものなので新しい作家の名前がないのが唯一の不満らしい。

神谷竜介（かみやりゅうすけ　千倉書房編集部）２０１８年２月号

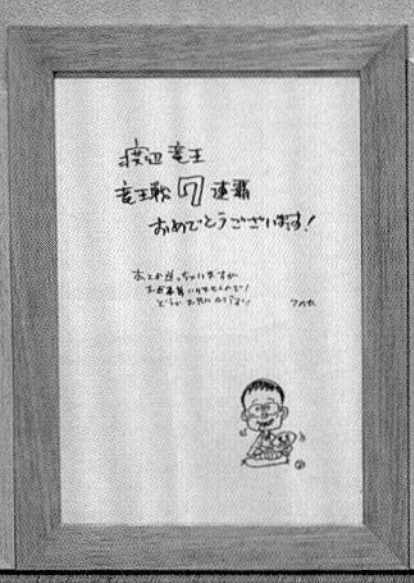
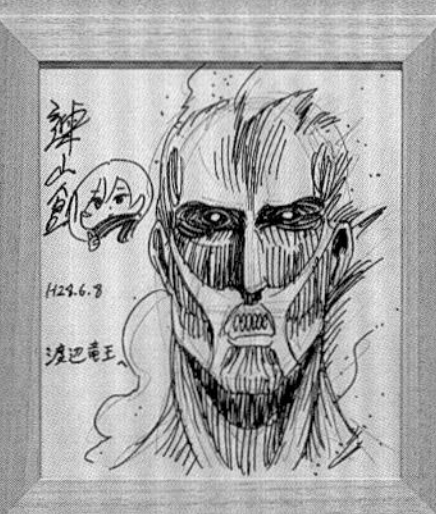
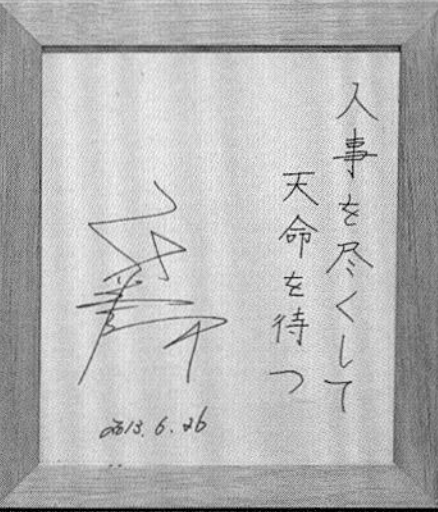

渡辺 明

最新刊が待ち遠しい！ 棋士を支える和室の本棚

ハチミツとクローバー 羽海野チカ
3月のライオン 羽海野チカ 白泉社
りゅうおうのおしごと！ 白鳥士郎 カズキ こげたおこげ
ちはやふる 末次由紀 講談社
僕だけがいない街 三部けい
マイホームヒーロー 山川直輝 朝基まさし 講談社
夢で見たあの子のために 三部けい
僕はまだ野球を知らない 西餅 講談社
ピンポン 松本大洋 小学館
フットボールネーション 大武ユキ 小学館
さよなら私のクラマー 新川直司 講談社
四月は君の嘘 新川直司 講談社
バカ姉弟 安達哲
勝木光 講談社
ボールルームへようこそ 竹内友 講談社
エリアの騎士 伊賀大晃 月山可也 講談社

GIANT KILLING
ツジトモ
BUNGO ブンゴ
二宮裕次
グラゼニ 東京ドーム編
森高夕次 アダチケイジ
アルキメデスの大戦
三田紀房
インベスターZ
三田紀房
砂の栄冠
三田紀房
キングダム
原泰久
87CLOCKERS
のだめカンタービレ
二ノ宮知子
七つ屋 志のぶの宝石匣
二ノ宮知子
天才ファミリー・カンパニー
いつかティファニーで朝食を
マキヒロチ
吉祥寺だけが住みたい街ですか?
マキヒロチ
僕はコーヒー
血の轍
火ノ丸相撲
川田
ROBOT×LASERBEAM
藤巻忠俊
シューダン!
横田卓馬
Baby Steps
勝木光

MONKEY TURN
GIANT KILLING
BUNGO
Dragonball
ピンポン
インベスターZ
砂の栄冠
リアル

漫画『将棋の渡辺くん』でもおなじみの渡辺明棋王の本棚はコミック一色だ。三畳の仕事部屋の一間半の壁一面に天井まで作り付けられた本棚の九十九パーセントを占めるのは漫画の単行本と文庫。やはり作り付けられた座卓の横に一段分将棋関連の本が並んでいるが、活字の本はほぼそれだけ。将棋の指南書や解説書は十数年前までは相当数持っていたが、いまではパソコンでだいたいの研究は済ませられるので、紙の資料は不要になったとのこと。十数冊の著作があるが、自著も棚には一冊もない。自分の本は中身もわかっているし読み返さないから、取っておく習慣はないという。コミックは月に五十冊ほど読むとのことだが、作家別に並んだコミックは、文庫版で買い直した『キャプテン翼』、いま一番続刊を待ち望んでいる『ジャイアント・キリング』などのサッカー漫画のほか、野球漫画、競馬漫画等、スポーツ漫画が中心。通販で購入した前後の高さを変えられる収納グッズのおかげで、後ろに並んだ書名もわかるので整理もしやすい。こてこての少女漫画はないが、『のだめカンタービレ』や『ちはやふる』も並んでいる。もちろん『3月のライオン』『りゅうおうのおしごと！』といった将棋漫画も棚の一画を占めているが、奥さんの著書である『将棋の渡辺くん』は並んでいない。自分には頓着しないのが棋王の流儀なのである。

渡辺明（わたなべあきら　棋士）２０１８年４月号

吉田茂治

名画が浮かび上がる図録の棚

POPEYE 845
君の街から、本屋が消えたら大変だ！
大妖怪展
土偶から妖怪ウォッチまで
心
漱石
裸の漱石
2013 2 深刻不況！出版界の徹底研究
本の雑誌 おじさん三人組が行く！
本の雑誌 特集＝国書刊行会の謎と真実！
本の雑誌 特集＝神保町で遊ぼう！
本の雑誌 特集＝町から本屋が消えてゆく!?
本の雑誌 特集＝本の雑誌が選ぶ2013年度ベスト10
本の雑誌 特集＝ブックオフでお宝探し！
本の雑誌 特集＝400号記念なんでもベスト10！
本の雑誌 増刊 本屋大賞2013
本屋がなくなったら、困るじゃないか
11時間ぐびぐび会議
ブックオカ編
神保町
書店ほどたのしい商売はない
上村卓夫
本屋図鑑
得地直美 本屋図鑑編集部
NO BOOK NO LIFE
全国の本屋さんが選んだ！
永江朗
「本が売れない」というけれど
購書術 本には買い方があっ！
中川右介
幸福書房の四十年 ピカピカの本屋でなくちゃ！
杉江由次
サッカーデイズ
国宝
日本国宝展
National Treasures of Japan
日本国宝展
平成十七年 正倉院展
Exhibition of Shōsō-in Treasures
皇室の名宝 1 日本美の華
皇室の名宝 2 日本美の華
Treasures of the Imperial Collections
Splendor of Japanese Art
宮廷の美術
京都国立博物館
1997
特別展 黄檗
京都宇治・萬福寺の名宝と禅の新風
九州国立博物館
特別展 仁和寺と御室派のみほとけ
法然と親鸞 ゆかりの名宝
TNM
2011
国宝 薬師寺展
National Treasures from Yakushi-ji Temple
東大寺大仏 天平の至宝
2010
国宝 中尊寺展
みちのくの仏像
Masterpieces of Buddhist Sculpture from Northern Japan
特別展 快慶 日本人を魅了した仏のかたち
奈良国立博物館
2017

興福寺中金堂再建記念特別展
運慶
UNKEI
The Great Master of Buddhist Sculpture
Commemorating the Reconstruction of the Kohfukuji Central Golden Hall
2017

TOY MUSEUM
STRAND
100_100
adidas

Google
TOKYO STATION
100YEARS
ブックス ルーエ

MIYAKE ISSEY展
三宅一生の仕事
伊藤若冲 アナザーワールド
かわいい江戸絵画
山水に遊ぶ
動物絵画の250年
KATAGAMI Style
美の国 日本
法然と親鸞 ゆかりの名宝
名物刀剣
狩野山楽・山雪
長谷川等伯
狩野永徳
海北友松
狩野元信
鈴木其一
円山応挙
与謝蕪村
色の博物誌
歌川国芳
KUNIYOSHI
KUNISADA
よみがえる浮世絵
HIROSHIGE
北斎展
HOKUSAI
大浮世絵展
KEIICHI TANAAMI AMULET OF THE TAPIR
PIXAR
Ever and Never the art of PEANUTS
あしたのジョー、の時代
赤瀬川原平の芸術原論
花森安治の仕事
TADAO ANDO
TAOISM ART
Man Ray
MORANDI
VALLOTTON
MONET
ゴッホ展
Bührle Collection
ONCHI KOSHIRO
日曜美術館30年展
藤田嗣治展
LEONARD FOUJITA

求龍堂（取材当時。現在は退職）で制作局デザイン工房部課長を務める吉田茂治さんは自宅の八畳自室に白い本棚を二棹設置。本関係の本が棚一段、美術関連書が一段程度あるほかは、展覧会の図録で棚を埋め尽くしている。図録を集め始めたのは出版社に勤めるようになった十七、八年前からだが、スペースの都合もあり、寄贈したり処分したりの入れ替え制にしているので、棚に並んでいるのはここ七、八年のものが多いそうだ。東日本大震災の後には図録を販売して売上げを寄付する「アート好きによるアート好きのための図録放出会」というイベントに協力、五年間で百数十万円を被災地に贈り、昨年には文化庁から表彰されたという。現在は四百冊ほどの図録が並んでいて、日本画家、日本の近代のもの、西洋ものと分類されているが、狩野派から等伯、若冲、国宝に運慶、快慶まで、圧倒的に日本のものが多く、いちばん見返しているのも若冲とのこと。仕事がら内覧会やレセプションに行く機会も多く、無料で入手したものもあるそうだが、七割以上は展覧会の会場で購入。資料的価値があるか、装丁が凝っているかどうかが購入の基準になるという。ちなみに展覧会の図録は高さ三十センチのものが主流だが、一般の本と違い、自由というか好き勝手な判型で作られているため、本棚に入らず寝かせて置かざるをえないものも少なくないのが不満らしい。

吉田茂治（よしだしげはる　元会社員）２０１８年５月号

佐藤大

創造の源泉は山奥に潜む

映画的建築／建築的映画
東京人の堕落時代
強いられる死
チベットの少年
タイガーフォース
村上春樹スタディーズ
錬金術大全
ボリス・ヴィアン伝
ファン・ゴッホの手紙
MARVEL
RADIOHEAD
ニューヨーク
モンスター・メイカーズ
The Long Goodbye

STEVE JOBS 1995
ナンバーズ 2
TRAFFIC
DUNE
黒沢清の全貌
kotoba
TURNING POINT
NINTENDO DS

STAR WARS
9-14
75111
Darth Vader
160 pcs/pzs
BUILDABLE FIGURES
装甲悪鬼村正
空想世界構築教典
昭和の公団住宅
ゾンビ映画100
百魔
獅子の道 中野正剛
記者ハンドブック
PORNO
ライ麦畑でつかまえて
竹内康浩
エロマンガ・ノ・ゲンバ
稀見理都
現代ゲーム全史
新明解国語辞典
エスパー魔美
白洲次郎 占領を背負った男
北康利
THE ART OF GUNDAM
THE ANATOMICAL VENUS
HENRY DARGER
ELYSIUM
パズドラクロス
スター・ウォーズ ローグ・ワン
ZWARTE BEERTJES
完全記録
ダーク・レンズ
バクダンごはん

映画西口東口
芝山幹郎
ある夢想者の肖像
すすめ!!パイレーツ
江口寿史
大瀧詠一
Writing & Talking
STEAM BOY
熱血時代
60年代ポップ少年
世界文学大図鑑
天才たちの日課
アニメーションの映画学
ジョン・ライドン
川端裕人
日本人とリズム感
ジブリの文学
鈴木敏夫
折り返し点
宮崎駿
出発点
ビビビ・ビ・バップ
矢島正明
声の仕事
漫画家、映画を語る
DAVID SYLVIAN
モンスターズ
是枝裕和
WeOwnTheCity
チャップリンとヒトラー
一橋文哉
愛しのブロントサウルス
脳内異界美術誌
精霊の守り人
はなしっぱなし
五十嵐大介
北斎
運転見合わせ中
デビュー小説論
1980年代
トマス・クイック
遠い触覚
ぼくの好きな先生

脚本家・佐藤大氏の自宅兼事務所は東京・吉祥寺駅近く、二階建ての一軒家。井の頭線の走行音が聞こえるこの家は、そこらじゅうに本棚があり、比較的空いている天井近くの壁も作り付けの棚が増殖中。読むのは断然〝紙の本〟で、行きつけは地元吉祥寺のBOOKSルーエ。店頭に並ぶ本とともにあれこれ夢想するのが日課という本屋中毒で、外出先でも土地の本屋を訪れるのを楽しみにしている。招聘され足を運ぶ機会が多い海外ではいつも洋書を大量に購入、帰国時に税関で怪しまれたこともあるとか。数年前に収拾がつかなくなり、山梨の倉庫に蔵書の相当量を隔離した。今の蔵書は第二陣というところか。仕事柄で言えば、金城哲夫のウルトラマン／ウルトラセブンシナリオ集や向田邦子の著作をよく読み返す。黒澤明との仕事を吐露した橋本忍『複眼の映像』は、脚本家が苦労している様に自分だけではないと安心する一冊。自室には床に直積みの本の山。山奥にある本はだいたい把握できているそう。要所にビニールカバーのハヤカワポケミスを挟むのが、崩壊しないコツ。大好物は翻訳読みもので、柴田元幸、浅倉久志、白石朗、大森望ら信頼のおける訳者のファンでもある。二階の階段踊り場には、フィリップ・K・ディックを中心にまとめたコンパクトな白い棚がある。気がつけばここで何かを開いているという原点回帰の場所だ。

佐藤大（さとうだい　脚本家）２０１８年６月号

牧眞司

台所も階段も。屋内に増殖する蔵書

推理小説・ベスト18
推理小説・ベスト16
魔法少年
秘密探偵団
第九の王冠
山中峯太郎
幻術影法師
新青年傑作選
夢野久作全集 4
浮かぶ飛行島
海野十三
タルホ事典
阿房列車
狐の裁判
王様の背中
百鬼園先生言行録
わが百鬼園先生
贋作吾輩は猫である
阿房列車の車輪の音
猫の耳の秋風
居候匆々
大貧帳
阿房の鳥飼
たらちをの記
鬼苑乗物帖
サラサーテの盤
内田百閒創作全輯 青炎抄
百鬼園日記帖
娘煙術師 名人地獄
国枝史郎
深夜の市長
地球要塞
火星兵団
南蛮魔術
ようこそ地球さん
マイ国家
夜のかくれんぼ
あれこれ好奇心
ショートショートの広場
夜明けあと
星新一
涙香全集 51
星新一の世界
ビアス選集
ソロモン王の宝窟
地底の都
爆薬の花籠
美男狩
野村胡堂
十五少年漂流記
魔法街
人間の消失・小説の変貌
笠井潔
澁澤龍彦
筒井漫画瀆本
筒井康隆
吸血鬼ドラキュラ
鬼火
残された人びと
テクストの読み方と教え方
原爆は誰でも作れる
巌窟王物語
魔境の怪人
南洋一郎
不謹慎な宝石
超ギャグ選
船長のゆくえ
INFINITY
SF的発想のすすめ
豊田有恒
ロボットDとぼくの冒険
未来警察殺人課
悪夢図鑑
都筑道夫
雪崩連太郎幻視行
都筑道夫スリラーハウス
悪業年鑑
翔び去りしものの伝説
世界文学ワンダーランド
サンリオSF文庫総解説

闇を讃えて
世界文学全集
伝奇集
ハバナへの旅
現代世界演劇
葉草ましない
ジャン・パウル文学全集
十八世紀に二十世紀を予告した幻視と機智の文学
フェアリー・フェラーの神技
消えたドロテア
羽根をなくした妖精
天使が二人天降る
望楼館追想
シュルレアリスムと性
オディール
エドワード・ウェブスターへの贈り物
移民たち
空襲と文学
アウステルリッツ
目眩まし
カンポ・サント
Wあるいは子供の頃の思い出
エリス島物語
考える／分類する
人生 使用法
煙滅
家出の道筋
アンリ・ミショー詩集
パロマー
木のぼり男爵
はまむぎ
真夜中すぎでなく
旅の冒険
リチャード・ブローティガン
官能の夢
ムントクリヤサ通りで
愛しのグレンダ
チボの狂宴
埋もれた青春
皇帝のバラ
ルーフォック・オルメスの冒険
悪戯の愉しみ
ふらんす笑談
空中ブランコに乗る中年男
孤島
砂のミラージュ
ノアの方舟
妖精の森の狩人
RAYMOND QUENEAU collection
アジアにおける一野蛮人
対極
スノーグース
大使閣下
中国の村から
莫言
蟻の時代
蟻
EAT WHITE VAMPIRE BLUES
ぶたマン
私の体に悪魔がいる
眩暈
まだらの鳥
グラス・ダンサー
夢の終着駅
東と西
まぼろしのトマシーナ
ドン・ジュアン手柄話
G・アポリネール
黒ミサ異聞
五十万人の兵士の墓
呪術の王国
農夫ヒアズの幻想
エバ・ペロンの帰還
ほんものの魔法使
超哲学者マンソンジュ氏
ロマン・ド・ラブレー
孤児
モロッコ幻想物語
パウリーナの思い出に
わが愛しのホームズ
パリの王様
音を視る、時を聴く
カフカの恋人 ミレナ
カフカ解読
坂内正
ラパチーニの娘
子ども諸君
犬のパルボッシュ
世界短編名作選 ラテンアメリカ編
くるみ割り人形
ジュール・ヴェルヌの暗号
にやし酒飲み
朝子屋ハチュの冒険
チャペック・チェコスロヴァキアめぐり

THE SF BOOK OF LISTS
THE SF BOOK OF LISTS
James Blish – Author Mirabilis
Phil Stephensen-Payne
ASHLEY
THE INTERNATIONAL SCIENCE FICTION YEARBOOK
THE CRAFT OF SCIENCE FICTION Bretnor
TRILLION YEAR SPREE
THE SHATTERED RING ROSE ROSE
Alternate Worldcons
Edited by Mike Resnick
The Universe Makers
Donald A. Wollheim
Fantastic Worlds
MYTHS, TALES AND STORIES
Rabkin
OXFORD
WRITING SCIENCE FICTION & FANTASY
How To Write HORROR and Get It Published · Cerasini
JG BALLARD MIRACLES OF LIFE
J.G. BALLARD Conversations
J.G. BALLARD: QUOTES
Barry N. Malzberg BREAKFAST IN THE RUINS
Three Tomorrows: American, British and Soviet Science Fiction
John Griffiths
ORSON SCOTT CARD
HAL'S WORLDS
EDITED BY SHANE TOURTELLOTTE
MARY SHELLEY
JOHN WILLIAMS
Hawk... and Dove
Voices of Vision
Vivo: The Life of Gustav Meyrink
Mike Mitchell
REMEMBERING FREBRIGHT
SUMMER MORNING, SUMMER NIGHT
The Necronomicon Files
Anthony Boucher
Arkham House Books
WILLIAMSON · WONDER'S CHILD
THE EARLY YEARS
SPIDER ROBINSON
ON SF
Solar Labyrinth
ROBERT BORSKI
KATE WILHELM STORYTELLER
Larbalestier The Battle of the Sexes in Science Fiction
DECODING GENDER IN SCIENCE FICTION
SCIENCE FICTION and FANTASY SERIES and SEQUELS
Vol. 1 Books
Garland
The Collector's Guide to Monster, Science Fiction and Fantasy Film Magazines
Science Fiction Master Index of Names
A READER'S GUIDE TO SCIENCE FICTION
Facts On File
PAPERBACKS AT AUCTION 1995
GORGON BOOKS
★ MYTHS for the MODERN AGE ★
Edited by WIN SCOTT ECKERT
STEALING THROUGH TIME
Latin American Science Fiction Writers
MORE THAN 100 WOMAN SCIENCE FICTION WRITERS
STABLEFORD
HISTORICAL DICTIONARY OF FANTASY LITERATURE
WISH YOU WERE HERE DOUGLAS ADAMS
NICK WEBB
Delany
ABOUT WRITING
WESLEYAN
WHO'S WHO in science fiction Brian Ash
SHOCKMASTERS
LORIS CURCI
HAMMER AND BEYOND THE BRITISH HORROR FILM
FREDERIK POHL
The Pale Shadow of Science / Brian W. Aldiss
ORSON SCOTT CARD THE AUTHORIZED ENDER COMPANION
WRITTEN BY JAKE BLACK
TOR
PAT & DICK LUPOFF
THE BEST OF XERO
Gwyneth Jones
IMAGINATION/SPACE
READING SCIENCE FICTION
FRITZ LEIBER
the collected poetry of RAY BRADBURY
they have not seen the stars
STEALTH PRESS
THE SCHILLER COLLECTION
MAJOR Heinlein's Children: The Juveniles
Science Fiction Authors · A RESEARCH GUIDE
Fantasy Authors · A RESEARCH GUIDE
THE ILLUSTRATED STEPHEN KING TRIVIA BOOK
The BRIAN LUMLEY Companion
Edited by Brian Lumley and Stanley Wiater
TOR
WORKS OF H.G. WELLS
H.G. WELLS
LITERATURE
THE RICHARD MATHESON COMPANION
Edited by Stanley Wiater, Matthew R. Bradley, & Paul Stuve
GAUNTLET
MICHAEL MOORCOCK
WIZARDRY & WILD ROMANCE
Horror Plum'd
An International STEPHEN KING Bibliography and Guide
UP THROUGH AN EMPTY HOUSE OF STARS
DAVID LANGFORD
Gateways to Forever
THE STORY OF THE SCIENCE-FICTION MAGAZINES FROM 1970 TO 1980
MIKE ASHLEY
THE BEST IN SCIENCE FICTION
AUREL GUILLEMETTE
SCOLAR PRESS
Reiler
THE CHECKLIST OF SCIENCE-FICTION AND SUPERNATURAL FICTION
URANIAN WORLDS
J. G. BALLARD
THE WORK OF JACK VANCE
Hewett and Mallett

SF研究家、文芸評論家の牧眞司さんは一九九六年に自宅を新築した際、六畳の書斎の隣に七畳半の書庫をつくった。床を下げてコンクリートを打ち、レールを敷いた上に特注の可動式本棚を据えた図書館のような書庫である。特注の本棚は高さ二メートル五十センチ、幅二メートル、奥行き六十センチの木製で、A五判より若干大きい判型の洋書が前後二重に、文庫なら三重に入るように設計されている。五棹の特注本棚は表と裏の両側から本が入るようになっているので、それだけでも市販の一般的な本棚三十棹ほどの収納力だ。さらに書庫の三方の壁には天井までの本棚が造り付けられ、主に文庫がびっしりと並んでいるが、本棚のない一方の壁の一部が引き戸になっていて書庫の隣に増築された六畳の倉庫に出入りできるようになっている。倉庫の棚にはダンボール箱が山と積まれているが、入っているのは言うまでもなく本だ。新築当初は書庫だけでもスペースに余裕があったそうだが、その後、倉庫を増築したことでもわかるように、あっという間に満杯。二十二年経った現在は壁面棚の前に本が山積みになり、台所から階段、廊下、二階の三部屋の居室まで、本が置いていない空間はない状態である。二十一世紀からの本は二階のほうが多いというが、その総数は本人にも不明。家全体を棲家に、本は依然として増殖中なのである。

牧眞司（まきしんじ　SF研究家、文芸評論家）2018年8月号

柳下恭平

シンプル&スタイリッシュ。
こんな本棚もあります

そのとうり!
おまえら余所者だな?
何かを見上げている
あそこの木には人が集まっている
なに!
それよりおまえらの手足の長さが驚きだ
これを見て驚かねえのかよ
原始的な神ではないか
何だあれは?
Oxford Dictionary
星の王子さま
芸術人類学
中沢新一
ダンジョン飯
カオスノート
ナイトフライト
LONGMAN Pocket English Dictionary
ガッツン!
SLAM
ヤング・ゼネレーション
神様の住所
DBPOWER
世界文学大図鑑
iichiko design 2017
摩登時代
WHERE CHEFS EAT
A Guide from the Real Experts
歌謡漫画大全集
GINZA
STUDIO VOICE

LONGMAN
Pocket English Dictionary
12連休
ガリレオ裁判
ぼくらのフンカ祭
花とアリス
天才を売る
デザインの仕事
寄藤文平
フラットランド
最強の食事
声をかける
高石宏輔
本日の栄町市場と、旅する小書店
宮里綾羽
魔法をかける編集
反知性主義
パン・マリーへの手紙
10章で書かれた世界の歴史
青のない国
マーケット日和
一日の終わりの詩集
指を置く
生きのびるための建築
石山修武
早稲田文学
大阪食文化大全
境界の町で
サはサイエンスのサ
鹿野司
A LITTLE HISTORY OF CANADA
人間人形時代
稲垣足穂
No Destination
Satish Kumar

恋だから しかたがない
CLUB / INDIE Label Guidebook
コーネルの箱
世界ミステリー百科
冷たい水の中の小さな太陽
神さまがくれた漢字たち
白川静
城崎物語
バイバイ、ブラックバード
伊坂幸太郎
ペンギンの島
脳には妙なクセがある
池谷裕二
21世紀の楕円幻想論
平川克美
カレーライス!!
アンソロジー そば
RFD
ヒトラーのデザイン
松田行正
ヘンテコノミクス
佐藤雅彦
行動経済学！
バックパッキング入門
芦沢一洋
ドラえもん短歌
枡野浩一
スパイダーグウェン：グウェン・プール
青い薬
フレデリック・ペータース
ニュー土木
横山裕
やっぱり、僕の姉ちゃん
益田ミリ

国史大辞典
第10巻
日本史辞典の決定版
第11巻 にた―ひ
第12巻 ふ―ほ
第13巻 ま―も
第14巻 や―わ
第15巻 上 補遺・索引 史料・地名
第15巻 中 索引 人名
第15巻 下 索引 事項
吉川弘文館
新村出編
広辞苑
第二版
第三版
岩波書店

はじめての暗渠散歩
贈与論 マルセル・モース
記憶の技法 吉野朔実
本を読むわたし 華恵
女の子は本当にピンクが好きなのか 堀越英美
北北西に曇と往け 1 入江亜季
北北西に曇と往け 2 入江亜季
我らコンタクティ 森田るい
本棚の本 Alex Johnson グラフィック社
まるごと本棚の本 BOOKSHELF DESIGN グラフィック社
〈つながり〉の現代思想
幻の黒船カレーを追え 水野仁輔
中世の大学 みすず書房
チーズとうじ虫
トランスレーション・スタディーズ
他者をいかに〈翻訳〉するのか みすず書房
進む、書籍PR! 奥村知花 PHP
出会い系サイトで70人と実際に会ってその人に合いそうな本をすすめまくった1年間のこと 花田菜々子
プルーフ版 小野美由紀
かもめ La Gaviota フェルナン・カバリェーロ
リガ案内
詩と反逆と死
正義のミカタ
時をかける少女
銀河のさすらいびと
国史大辞典 1 第1巻 あ―い 日本史辞典の決定版 吉川弘文館
国史大辞典 2 第2巻 う―お 日本史辞典の決定版 吉川弘文館
国史大辞典 3 か 吉川弘文館
国史大辞典 4 第4巻 き―く 日本史辞典の決定版 吉川弘文館
国史大辞典 5 第5巻 け―こほ 日本史辞典の決定版 吉川弘文館
国史大辞典 6 第6巻 こま―しと 日本史辞典の決定版 吉川弘文館
国史大辞典 7 第7巻 しな―しん 日本史辞典の決定版 吉川弘文館
国史大辞典 8 す―たお 吉川弘文館
国史大辞典 9 第9巻 たか―て 吉川弘文館

自称ソリッド・ステイト・サヴァイバーの柳下恭平氏は昨年一年間で東京二十三区全区に住むことを目標に、自宅を持たず友人・知人の家を転々とするジプシー生活を送っていたが、所期の目標も見事に達成。この三月、新宿区のデザイナーズマンションに居を定めた。ワンルームの新居にある家具らしい家具は本棚のみ。コンクリート打ちっ放しの壁の一面に高さ百二十センチ、幅二百センチほどの組み立て式本棚がひとつ。そしてもうひとつ、幅二百センチで四段の突っ張り式本棚が部屋の中央に設置されていて、窓の下にも吉川弘文館の『国史大辞典』十五巻、版違いの『広辞苑』、手塚治虫『火の鳥』などが並べられているので、布団を敷くスペースを確保するのもやっとなのだ。実は柳下氏は九月末から本棚の制作販売を始める予定で、壁面の本棚は「Stack shelf」、中央の突っ張り本棚は「天井まで本棚」の名で売られる商品の試作品なのである。試作品には合わせて四百冊程度の本が並んでいるが、ほとんどが引っ越し以降に購入した本。新刊から古本まで一日一冊以上は買い、読んでいるそうだが、なんと本棚には購入した順番に並べている! 読んだ順番を覚えておきたいからだというが、映画「ハイ・フィデリティ」でレコードを思い出順に並べていたのをヒントにしたらしい。なんともロマンチックな本棚ともいえるのである。

柳下恭平（やなしたきょうへい） 2018年9月号

第3章

餅は餅屋の巻

相澤正夫
鈴木毅
小塚麻衣子
小山力也
中川右介
杉江松恋
霞流一
穂村弘
松坂健
伊勢功治
坂野公一

相澤正夫

地下室の城で本に埋もれる休日

複雑系
バカボンのパパよりバカなパパ
野坂昭如
目白雑録
金井美恵子
山本直樹
日本語が亡びるとき
食卓一期一会
長田弘
死に臨む態度
無限の網
誰が説えているか
沈底魚
曽根圭介
地球のはぐれ方
父水上勉
ワイルド・ソウル
プリンセス・トヨトミ
百年の風貌
女の底力
ナラタージュ
車谷長吉全集
車谷長吉句集
文士の生魑魅
東京洞窟厳選100
国富論
妻の大往生
崩壊の予兆
韓国財閥の興亡
油うる日々

モダニズムの越境
思想課題としてのアジア
人間生命の誕生
随筆「散歩で三歩」草森紳一
草森紳一 食客風雲録
夢の展望
歳三の写真
李賀 垂翅の客
荷風の永代橋 草森紳一
足跡 草森紳一
新版 断腸亭日乗 永井荷風
深沢七郎集
感光生活 小池昌代
満州集団自決 新海均
アジア・太平洋戦争 吉田裕 森茂樹
満洲怪物伝
覚醒と寂滅
蓮と海
満洲の成立
白楊樹の墓標
関東軍とは何だったのか
満蒙開拓青少年義勇軍史研究
Get back, SUB!
森の旅
書に遊ぶ
森にかよう道

隣りの女
マンション管理組合テキスト
近代日本と植民地 2
近代日本と植民地 1
近代日本と植民地 3
近代日本と植民地 4
近代日本と植民地 5
近代日本と植民地 6
近代日本と植民地 7
近代日本と植民地 8
中国革命の階級対立 1
中国革命の階級対立 2
甲子夜話
ムージル読本
特性のない男 I
特性のない男 III
特性のない男 IV
特性のない男 V
特性のない男 VI
小説集
ムージル入門
熱狂家たち／生前の遺稿
明治維新と国家形成
青山忠正 著
日本の近代
近代日本と国語ナショナリズム
戦後日本の防衛と政治
明治国家の成立
離日
西南戦争
賜暇
北京交渉
大分裂
岩倉使節団
帰国
慶喜登場
江戸開城
大政奉還
外国交際
英国策論
薩英戦争
旅立ち
萩原延壽
LA CASA DE LOS ESPÍRITUS
ON THE ROAD
COLLECTED STORIES I
IN PATAGONIA
OUT OF AFRICA
KASSANDRA
COLLECTED STORIES II
性の追求
黒いユーモア
言語空間の探検
日常のなかの危機
青春の屈折
歴史への視点
存在の探求
方法の実験
最初の衝撃
証言としての文学
昭和維新試論
思想としての右翼
松本健一
蓮田善明 日本伝説
幻影の政府
大川周明集
全共闘白書
小熊英二
1968
最新 右翼辞典
日本右翼の研究
木下半治
大川周明
松本健一
満蒙開拓青少年義勇軍
小説 大逆事件
佐木隆三
伊藤博文
日本赤軍私史
パレスチナと共に
重信房子
兵士たちの連合赤軍
内村剛介
レッド 2
戦争
太田竜
太田龍
ベンジャミン・フルフォード
革命の軍隊
大川周明
蒼ざめた馬
ヴァイツゼッカー回想録
常しへの道
坂口弘
見えない世界で見えたこと
奪われたるアジア
満川亀太郎
IBMとホロコースト
エドウィン・ブラック
ナチス・ドイツの有機農業
ベルリン陥落 1945
健康帝国ナチス
虚構のナチズム
池田浩士
近代日本の右翼思想
山本義隆潜行記
東大落城
赤軍派始末記
塩見孝也
京大闘争
京大神話の崩壊
ブランショ政治論集
連合赤軍27年目の証言
植垣康博
ハルカの虫

目白雑録
金井美恵子
風花
川上弘美
野坂昭如
食卓一期一会
長田弘
死に臨む態度
上田三四二
新しい家族のつくりかた
芹沢俊介
神も仏もありませぬ
佐野洋子
被差別部落
誰が飢えているか
正々堂々がんばらない介護
ニューヨーク黄金時代
深沢七郎
ひとり暮らし
谷川俊太郎
宇宙の片隅で
雨の名前
生物から見た世界
福島泰樹
全歌集
右と左のはなし
錯覚する脳
手話の世界へ
田村隆一
志賀直哉とその時代
水中火災
無文字社会の歴史
川田順造
七人の旋毛曲り
小泉武夫
声の生地
老いの現在進行形
沈底魚
曽根圭介
地球のはぐれ方
神保町「二階世界」
夫婦が死と向きあうとき
萩原朔太郎集
石川啄木集
北村透谷集
漱石全集
中国農民
マオ
周恩来秘録
文学ノート
大江健三郎
大江健三郎の世界
松原新一
大江健三郎論
江戸の読書熱
四百字十一枚
東京
坪内祐三
境界の日本史
国土論
断片からの世界
近世的経営の展開

芸術新聞社代表取締役社長・相澤正夫さんの書庫は十畳の地下室だ。十七年前に自宅を新築した際に作った男の城は、三方の壁面に重厚な木製の本棚が作り付けられ、天井までの高さに対応できるよう、はしごを移動してかけられるバーまで設置されている。入口横の壁面は本棚の下段部分が机になっていてパソコンも置かれているが、本も山積み。当初は書斎兼書庫だったが、現在は家を出た息子の部屋を書斎として使っているため、机部分も本の置き場と化したのである。本棚には浪人時代にアルバイトをして揃えた學藝書林の「現代文学の発見」をはじめ、「世界文学全集」等、全集・選集類が目立ち、島尾敏雄、上林暁、川崎長太郎など、個人全集も多い。大長編が好きで、ムージルの『特性のない男』は二巻で挫折したそうだが、中里介山『大菩薩峠』は二度目の読破に挑戦中でただいま十一巻。近現代史を中心とした歴史関係、沖縄や全共闘関連を中心とした社会科学系の本が並ぶ一方、趣味の山の本や歌集・詩集も相当数あるなど、ジャンルは広い。単行本を前後に置ける奥行があるため、種村季弘、草森紳一、海野弘ら、書庫ができた当初からのお気に入り作家の本は奥に並ぶことになり、背が見えないのが残念なところだが、休日にここで本を探したり入れ替えたりするのが至福のとき。なんともうらやましい男の城なのである。

相澤正夫（あいざわまさお　芸術新聞社）２０１７年３月号

鈴木 毅

興奮のノンフィクション、揃い踏み

すべての夢が「現実」になる。
PlayStation VR
機動警察パトレイバー
PATLABOR
THE MOBILE POLICE
ゆうきまさみ
いたずらの問題
高い城の男
ユービック
ペイチェック
ヴァリス
流れよ我が涙、と警官は言った
幻の動物たち
ウォッチャーズ
幻想の犬たち
さすらう者たち
河出文庫
地下鉄のザジ
プラットフォーム
武器よさらば
キリマンジャロの雪
ハーレムタウンの野郎ども
幻のアフリカ
ヤングスキンズ
デルリア
スプートニク
怪物はささやく
名を捨てた家族
通話
サラミスの兵士たち
デニーロ・ゲーム
AM/PM
生き延びるための世界文学
FREEDOM
JONATHAN FRANZEN
アムニジアスコープ
スティーヴ・エリクソン
Xのアーチ
黒い時計の旅
彷徨う日々
真夜中に海がやってきた
地下鉄道
ピュリッツァー賞
全米図書賞受賞作
ネバーホーム
ガラスの街
孤独の発明
多人種もの傑作短編選

背信の都 上 ジェイムズ・エルロイ 究極の警察小説
背信の都 下 ジェイムズ・エルロイ 新四部作・開幕編
アメリカン・デス・トリップ 上 J・エルロイ
アメリカン・デス・トリップ 下 J・エルロイ
アメリカン・タブロイド 上 J・エルロイ
アメリカン・タブロイド 下 J・エルロイ
アンダーワールドUSA 上 ジェイムズ・エルロイ
アンダーワールドUSA 下 ジェイムズ・エルロイ
獣どもの街 J・エルロイ
クライム・ウェイヴ J・エルロイ
キラー・オン・ザ・ロード J・エルロイ
血まみれの月 J・エルロイ
自殺の丘 J・エルロイ
レクイエム J・エルロイ
ホプキンズの夜 J・エルロイ
秘密捜査 ジェイムズ・エルロイ
ジェイムズ・エルロイ ノワールの世界
ポップ1280 J・トンプスン
グリフターズ J・トンプスン
失われた男 J・トンプスン
荒涼の町 J・トンプスン
残酷な夜 J・トンプスン
おれの中の殺し屋 J・トンプスン
この世界、そして花火 J・トンプスン
殺意 ジム・トンプスン 本邦初訳
ジム・トンプスン 本邦初訳
天国の南 ジム・トンプスン 本邦初訳
淡く、薄汚れ。
ワイルドサイドを歩け!
変数人間 フィリップ・K・ディック
小さな黒い箱 フィリップ・K・ディック
アジャストメント フィリップ・K・ディック
変種第二号 フィリップ・K・ディック
トータル・リコール フィリップ・K・ディック
時は乱れて フィリップ・K・ディック
シミュラクラ フィリップ・K・ディック
銀河の壺なおし フィリップ・K・ディック
アンドロイドは電気羊の夢を見るか? フィリップ・K・ディック

ポルノ・ムービーの映像美学
映画欠席裁判
アメリカの地下経済
パブロを殺せ
FIX 世界麻薬コネクション
コカイン ゼロゼロゼロ
メキシコ麻薬戦争
ハッパノミクス
不完全犯罪ファイル
アメリカ映画
アメリカ映画
60年代アメリカ映画
映画ジャンル論
メインストリーム
文化とメディアの世界戦争
ハリウッド映画と聖書
ハリウッドとマッカーシズム
レッドパージ・ハリウッド
「ローマの休日」を仕掛けた男
追われゆく坑夫たち
日本残酷物語 1 貧しき人々の
日本残酷物語 2 忘れられた土
日本残酷物語 3 鎖国の悲劇
日本残酷物語
シネマ・ポリティカ
映画のウトピア
日本特撮・幻想映画全集
クリティカル・ワーズ
オカルト
森達也
山怪
田中康弘
山怪 弐
田中康弘
怪談
70年代オカルト
クマにあったらどうするか
食の人類史
人はなぜ殺すか
現代日本人の動物観
地図入門
漂流
角幡唯介
極夜行
サバイバル登山入門
服部文祥
サバイバル登山家
服部文祥
狩猟サバイバル
服部文祥
ツンドラ・サバイバル

サ・ン・ト・ランド
21世紀アメリカの喜劇人
長谷川町蔵
日本特撮・幻想映画全集
シネマ・ポリティカ
たんぽぽ一代
藤浦敦
オカルト
森達也
山怪
田中康弘
山怪 弐
人はなぜ殺すか
食の人類史
漂流
角幡唯介
サバイバル登山入門
服部文祥
サバイバル登山家
狩猟サバイバル
獲師と登山家
地図入門
ジョン・カーペンター
コッポラ
映画通信
柳下毅一郎
スクワーム
日本映画最終戦争
山田和夫
失われた動物
釣りの文学の傑作
牧浩之
旅の民俗学
青春は川の中に
釣り師の休日
山と河が僕の仕事場
みかん畑に帰りたかった
未完の巡礼
神長幹雄
あかんやつら
超常現象映画の世界
世界探検全史
現代の冒険
岩魚幻談
雨の日の釣師のために
魚は痛みを感じるか？
日本アナーキー映画史
キネマ旬報
ゾンビ映画
ドラマ秘宝
ギレルモ・デル・トロ創作ノート
THE WALKING DEAD
amc
日本のフライフィッシング史
鱒毛鉤の思想史
ひとは山に向かう

昨年九月に上京した東京初心者・鈴木毅さんの自宅は1LDKのマンションで、リビングの一方の壁面に本棚が三棹、計ったようにぴたりと設置されている。既製品だが棚板を買い足したので、大判の写真集から文庫まで無駄なく並べられている。都内に引っ越すにあたり、日本人作家の小説はダンボール箱に入れて実家に置いてきたとのことで、吉村昭と絲山秋子の文庫が数冊あるくらい。棚の大半を占めているのは翻訳小説とノンフィクションだ。作家別でもっとも数が多いのは最上段（正確には本棚の枠の上）に並んだP・K・ディックで、サンリオ版から早川の新装版まで新旧の文庫が揃っている。その左はJ・トンプソンとJ・エルロイ。ノワールにはまった時期があったらしい。翻訳小説はSF系が中心だが、カミュやカフカといった古典からアーヴィング、エリクソンなど現代作家の作品も多い。ピンチョンは修行のつもりで年に一冊、気合を入れて読んでいるそうだ。映画、釣り、山、サバイバル、犯罪、出版等、ノンフィクションはジャンル別に分類されていて、中でも今年一番驚いた「すごい本」が『鱒毛鉤の思想史』。本体六千四百円という大部だが、いまの会社は給料天引きで本がツケ買いできるため躊躇なく買えると笑う。引っ越しから十か月、すべての棚が前後二重になる日も遠くないことを想像させる本棚なのである。

鈴木毅（すずきたけし　書店員）２０１８年10月号

小塚麻衣子

祖父、父から娘へ。三代の記憶が並ぶ

KVICKSAND
WODEHOUSE
緑衣の女
Bruce Chatwin
おまえはケダモノだ、ヴィスコヴィッツ
エラリー・クイーンの災難
子どものための文化史
犬として育てられた少年
不思議なミッキー・フィン
恐怖の鬼
ダストデビル
結婚入門
オールド・ドッグ出撃せよ
スナッチ
経済危機の
悪魔の取引
猟犬クラブ
SISTER
シスター
CIA
ザ・カンパニー
ミスター・グッドバーを探して
ゴルフ奇譚集
ハリー・ポッターと秘密の部屋
ビッグ・ゲーム
ミイラ医師シヌヘ
マ～モ
ラ～ワ
私が殺した少女
和解せず
探偵物語
ミステリ・オペラ

kinko's
On Demand Solutions
KONICA MINOLTA
TOHAN
母と子の読み聞かせ
日販
amazon.co.jp
TOHAN
獣の奏者
永遠の仔
永遠の仔
トッカン
トッカン

源氏物語
源氏物語
源氏物語
古今和歌集
古事記
枕草子
方丈記 徒然草
正法眼蔵随聞記
日本古典文学全集
小学館
萬葉集
平家物語
世界主要論文選
1946
1995
小説オリンピック
ドクター・フリゴの決断
あるスパイの墓碑銘
緑色の楽譜
大鼠のいのしし狩り
ヨットクラブ
ア～オ
現代イタリアの文学
BIBLIO MYSTERIES
アスピリン・エイジ
THE ASPIRIN AGE 1919-1941
世紀末のヨーロッパ
ベスト・アメリカン・短編ミステリ
オール讀物
創刊六〇〇号記念昭和名作総集
辞書の世界史
暴力の解剖学
愛さずにいられない
北村薫
黒海の砲煙
黒海の嵐
黒海の砲煙
黒海の野望
黒海の密使
緑の魔界の探検者
ちょうちょ地雷
敵意ある病院
まやかしエレベーター
おーおきの寄宿学校
爬虫類の部屋にきた
大きな窓に気をつけろ
不可能犯罪
ニッポン消滅
ニッポン消滅
マインド
認知科学入門
つるつるスロープ
も
ヤ
ヤ
柳生忍法帖
山田風太郎
魔境遊撃隊
栗本薫
伊賀忍法帖
青春探偵団
風来忍法帖
忍法八犬伝
辺境図書館
皆川博子
開かせていただき光栄です
皆川博子
クロコダイル路地
クロコダイル路地
皆川博子
濃密なる精華集
皆川博子
壮麗なる精華集
皆川博子
豪奢なる精華集
皆川博子
精華コレクション
海賊女王
Queen pirates
皆川博子
光文社
猫舌男爵
皆川博子
講談社
죽음의 샘
皆川博子の辺境薔薇館
ジハード5
ジハード6
定金伸治
集英社文庫
冬のホラーフェア
水に描かれた館

い
いうえ
つと
と
えお
おか
お
な
に
にの
か
かき
ぬはひ
ひふ
きく
ま
み

早川書房編集部・小塚麻衣子さんは自宅一階、十二畳ほどの書斎に据え付けられた三棹の本棚に文庫を四千冊程度、著者別五十音順に並べ、棚の各所に「あ」「か」「ミムメモ」と手書きのシールを貼って整理している。隣の五畳の書庫には五棹の本棚に三千冊弱の単行本が並べられているが、こちらも著者別五十音順。同じく分類シール付きで大変わかりやすい。ちなみに「あ」は日本人作家で「ア」は海外の作家だ。並んでいる本は九十七パーセントが小説だが、ほかに書庫の隣の衣装部屋にコミックを三千冊収納している。二階の自室にも三棹の本棚があり、ここ三年間に購入した本を並べている。さらに三年前に自宅に戻ってきた際に一緒に移動したダンボール七十箱分四千冊が一階のキッチンに箱のまま置いてあるとのこと。つまり書斎、書庫の本は自宅から出る以前の本と出ている間に送っていた本ということになるのだが、なにを隠そう、この本を五十音順に並べ、手製のシールを貼ったのは三年前に亡くなったお父さん。そもそも書斎の本棚はお祖父さんの代からあったそうで、その後、出版社勤務からフリー編集者に転身したお父さんが応接間を書斎兼仕事場に改装。娘が家を出ている間、終活として自分の本を処分し、娘の本を五十音順にこつこつ並べ続けたという。祖父の代から三代、小塚家の歴史を記憶する本棚なのである。

小塚麻衣子（こづかまいこ　早川書房編集部）２０１８年11月号

小山力也

古本屋巡りが育む魔窟

TADAO A
SOLID STATE

The Trip White Hornet
The Trip White Hornet
ENTERPRISE
First Single
私の大阪地図
METAL TROPHY

光車よ、まわれ！
青空ちゃん
のらねこたいしょうブー
ムーミン谷は大さわぎ
ぼくのけらいになれ
きんいろのあしあと
ジュンとひみつの友だち
おしゃべりゆわかし
カボンをはいたけんじ
ネコちゃんの花
アトミーノは戦争がきらい
せんにんのひみつ
白鳥座61番星
わんぱく天国
空とぶ自動車
考現學
クリス・カニンガム
ミシェル・ゴンドリー
DIGITAL DEVIL SAGA
怪獣男爵
八つ墓村
世界殺人鬼百選
The Trip White Hornet
HAPPY SNAPSHOT DIARY: Tokyo 1968-1973

放浪時代
龍膽寺雄著
看板建築
新版
藤森照信 文
増田彰久 写真
三省堂
看板建築
藤森照信 文
増田彰久 写真
三省堂選書 179
看板建築
藤森照信 文
増田彰久 写真
謎の暗号
森下雨村
全国古本屋地図
21世紀版
群像
5

Nintendo
SUPER Famicom
私の大阪地図
大阪動物園アルバム
39-05-02
Transcend
2GB
Victor
映画の呼吸

ハッカーを追え！
ブルース・スターリング
THE HACKER CRACKDOWN
ASCII
世界名探偵シリーズ 5
赤い指紋
名探偵ソーンダイク
ポプラ社
幻夢年代記
Login Books
安田均
ビジネスアスキー
黄金孔雀
島田一男
世界推理小説文庫 (11)
あばかれた秘密
江戸川乱歩
ポプラ社
松本清張
青い魔術師
東京のドンキホーテ
ブンとフン
洞窟の魔人
地獄の仮面
黒い東京地図
ゾンビ
DAWN OF THE DEAD
悩める太陽
世界推理小説文庫 (16)
消えた鬼刑事
南洋一郎
魔女のかくれ家

古本屋ツアー・イン・ジャパンこと小山力也さんの家には本棚がない。自宅マンションのひと部屋をグラフィックデザイナーとしての仕事場兼書庫に使っているが、四畳半の洋間は床中に本の山が連なっていて、窓際の仕事机にたどり着くまでクランク状の獣道を慎重に歩かなければ危険なほど。実際には入口の横と窓際に本棚代わりのカラーボックスがひとつずつあるそうだが、本の山に隠れているので何がどう並んでいるか見る術はない。スチールラック（これも本棚代わり）の、かろうじて見えている最上段には児童書が整然と並んでいるが、これは今回の撮影のために朝六時から片付けた成果とのことで、普段は横積みになっているらしい。別称のとおり日々古本屋を回り、月に三、四十冊の古本を購入しているが、買ってきた本は無闇に積んでいるわけではなく、本人の中ではきちんと分類されており、どこに何があるかはわかる状態だという。床に積まれている本は概算で一万冊程度だが、一箱古本市などで年に千冊以上を処分しているから、以前より減っていると胸を張る。南向きの六階で陽当たりも眺望もよいのだが、普段は本が焼けないようにカーテンを閉め切っている。古本者の必備品『八つ墓村』三冊や五百円で手に入れた太宰治『皮膚と心』などがさりげなくいちばん上に積まれていたり、実はお宝満載の四畳半なのである。

小山力也（こやまりきや　古本屋ツアー・イン・ジャパン）２０１８年12月号

中川右介

ドラえもんと歌舞伎専門書が同居する

Lesson
LEGACY
ARTHUR RUBINSTEIN
1898 1998
ドイツ・グラモフォン100年BOX
LEONARD BERNSTEIN
GLENN GOULD
MARIA CALLAS

手塚治虫の奇妙な世界
メイキング・オブ・サンダーバード
ショートピース
大友克洋
ルパン三世
ボーの一族
リボンの騎士
手塚治虫
幻の名作が一挙復刻!!
梶原一騎
劇画一代
ちばてつや
スターダム
マイ・ストーリー
ハリウッド
RURIKO
莉子
日本の女優
私説 内田吐夢伝
昭和の子役
黒澤明 クロニクル
ULTRAMAN
STAR WARS
石原プロモーション30年史
黒澤明とハリウッド
巨人と少年

トロツキー伝
新潮社一〇〇年図書総目録
黄金仮面
呪いの指紋
黒い魔女
三角館の恐怖
江戸川乱歩
いつか見た映画館
小林一三の昭和演劇史
小林一三全集
小林一三日記
YKK秘録
日本の戦後
日本共産党研究
連立政権の真実
永田町政治の興亡
田中角栄とその弟子たち
経世会 死闘の七十日
政権
江田三郎
首相官邸
語る 小沢一郎
小沢一郎の「兵糧戦争」
立花隆「田中真紀子」研究
内閣官房長官
厚生省AIDSファイル
革新幻想の戦後史
小泉官邸秘録
情と理
小沢一郎全研究
これが民主党だ!
亡国の宰相
民主党政権
民主党 迷走と裏切り300日
民主党を見つめ直す
菅直人
菅直人 総理の野望
菅直人 市民ゲリラ国会に挑む
堤康次郎
ハヤカワ文庫解説目録
中核VS革マル
実相寺昭雄研究読本
ドラえもんの秘密
歌舞伎事典
日本現代演劇史
私の履歴書

五郎の芝居
大倉舜二
国立歌劇場
昭和演劇大全集
芸十夜
日本現代演劇史
大笹吉雄
かぶき手帖
歌舞伎の事典
歌舞伎ガイド50選
明治演劇史
渡辺保
歌舞伎の近代
商業演劇の光芒
戦後ミュージカルの展開
交差する歌舞伎と新劇
歌舞伎のわかる本
私の藝界遍歴
歌舞伎 虚と実
歌舞伎事典
歌舞伎をつくる

歌舞伎五十年
高麗屋三兄弟と映画
上方歌舞伎の風景
劇評家の椅子
十八代 勘三郎
芸と人
近世演劇を学ぶ人のために
歌舞伎の世界
歌舞伎未来形
歌舞伎座百年史
東宝三十年史
宝塚歌劇五十年史
帝国劇場100年のあゆみ
明治座評判記
歌舞伎 研究と批評
二枚目の疵
菊田一夫
市川海老蔵
河原者ノススメ
團十郎復活
役者は一日にしてならず
勘三郎伝説
日本の古典芸能
芝居のうわさ
歌舞伎名優時代
私の履歴書
明治歌舞伎の成立と展開
歌舞伎のチカラ
河竹黙阿弥
嵯峨談語
江戸歌舞伎図鑑
歌舞伎いまむかし
忠臣蔵映画の全貌
芝居譚
新歌舞伎の筋道
おかしな男 渥美清
松竹関西演劇誌
大谷竹次郎
講談社

野田版歌舞伎
東京喜劇
歌舞伎
浄瑠璃を読もう
女興行師一代
海老蔵そして團十郎
とにかく芝居がすき
片岡孝夫
身毒丸
とりかへばや、男と女
河合隼雄
インドへ
横尾忠則
東洋人の思惟方法
監獄の誕生
言葉と物
狂気の歴史
「甘え」の構造
道教と古代日本
道教と東アジア
メランコリーの水脈
性の歴史
知への意志
快楽の活用
自己への配慮
そして、海老蔵
劇人三島由紀夫
歌舞伎
芝居小屋と寄席の近代
北海道が危ない
アジアやきものの旅
歌舞伎名優時代
大坂歌舞伎展
原色歌舞伎詳細
百妖繚乱
歌舞伎十八番
東宝75年のあゆみ
帝劇の五十年
ロートレック全版画展
写楽 幻の肉筆画
William Blake
日本伝統音楽の研究
小泉文夫
「雨の木」を聴く女たち
フィンランド駅へ
現代用語の基礎知識
名残りの花
歌舞伎十八番
歌舞伎この百年
かぶきの風景
言わでもの事
坂東三津五郎
歌舞伎百年百話
大阪お芝居学
女形の美学
歌舞伎の座標
歌舞伎
小林恭二
歌舞伎さんまい
歌舞伎随筆
演劇の魅力
伝統芸能に学ぶ
光森忠勝
いま炭鉱
国立劇場二十年の歩み
十八代目中村勘三郎
初代松本白鸚の世界
松竹百年史
歌舞伎座百年史
Santa Fe
ROBERT FRANK
bauhaus 1919-1933

作家にして編集者である中川右介さんの自宅は３ＬＤＫのマンションだが、可動式の間仕切りを取っ払ってできたスペースに十数棹の本棚をコの字型に配列しているため、元の間取りはまるでわからない。玄関を開けると左手は専用本棚（ロールスクリーン付き）にぴたりと収められた藤子・Ｆ・不二雄大全集全百十五巻、正面に手塚治虫全集が来訪者を威圧するように全巻鎮座し、そこから右へ五メートルほど続く廊下には置けるだけの本棚が並んでいる。さらにコの字型配列の書庫へと本棚の林は続き、突き当たりにやはり本棚に囲まれた仕事部屋が現われる。リビングにも六棹の本棚があり、壁面には専門分野である歌舞伎関係の本が天井までびっしり並び、ガラス戸付きの本棚にはドラえもんが山のように飾られている。家中合わせ三十棹ほどの本棚におよそ二万冊の本が前後二重（時には三重）に収められているが、角川映画からクラシック音楽、乱歩と正史、阪神タイガースまで、ジャンルごとに分類されているため、後列の本もほぼわかるらしい。この家に引っ越して三年。引っ越す前は自宅と事務所の二か所に本を分散していたそうで、本棚六つ分くらい処分したというが、コの字配列の行き止まり部分にはすでに床置きの本の山がいくつもできている。本とドラえもんの幸せな共存がいつまで続くのか、気になる本棚なのである。

中川右介（なかがわゆうすけ　作家、編集者）２０１９年１月号

杉江松恋
図書館専用スチール書棚が二十棹！

わいるどらびっつ
ファントマ
シャーロッキアンの
優雅な週末

ターザン日本へ来る
MICHAEL INNES
ミステリ映画の大海の中で
シャーロック・ホームズ百科事典
怪奇映画の手帖
東海道五十三次
推理作家の発想工房
東方コミュニティ白書
箱根駅伝を歩く
日光街道歴史ウオーク
現代文学・文化理論家事典
世界ミステリ作家事典
アメリカ文学研究資料事典
THE CRIME WRITER'S Reference Guide
MARTIN ROTH
KILLER BOOKS
イギリス文学地名事典
英米児童文学辞典
新潮世界文学辞典
日本ミステリー事典
権田萬治
新保博久
新英和中辞典
研究社
アメリカ小説時代
ヒーローの作り方
冷戦とアメリカ文学
東方幻想麻雀

推理小説の翻訳
論理の蜘蛛の巣の中で
日本ミステリー解読術
シネマ古今集
現代推理小説論
英文学の地下水脈
宿命の美学
現代SF最前線
乱視読者の新冒険
不思議の国をつくる
時代小説盛衰史
源氏物語
スパイの世界史
江戸市井人物事典
フィルムノワールの時代
盗作疑惑の研究
日本小説技術史
世界文学全集
血脈

日本小説技術史
血脈
血脈
血脈
この作家この10冊
本格力
現代SF最前線
芥川賞物語
直木賞物語
ミステリと東京
満洲崩壊

小学館
江戸前の釣り
中公文庫
明治商売往来
仲田定之助
ちくま学芸文庫
一九七三年版ユース・ホステル ハンドブック
東京の散歩道
子規居士の周囲
柴田宵曲
岩波文庫
全国版 東海道五十三次ガイド
東海道ネットワークの会21
届け物はまだ手の中に
光文社文庫
ダークリバー
あさめし・ひるめし・ばんめし
ちくま文庫
蒼天に翔る
青島幸男
旧聞日本橋
長谷川時雨 作
岩波文庫
沢村貞子
わたしのおせっかい談義
光文社文庫
幕末単身赴任
下級武士の食日記
増補版
青木
ちくま文庫
野村宏平
ミステリーファンの古書店ガイド
光文社文庫
酒にまじわれば
なぎら健壱
文春文庫
小島政二郎
食いしん坊
河出文庫
いつも食べたい!
林望
ちくま文庫
私の食べ歩き
獅子文六
中公文庫
神吉拓郎
二ノ橋 柳亭
直木賞作家の粋に酔う極上の短篇集
旬菜膳語
林望
郊外の文学誌
川本三郎
岩波現代文庫
新編 思い出す人々
内田魯庵 著
紅野敏郎 編
岩波文庫
日本妖怪異聞録
小松和彦
講談社学術文庫
江戸近郊道しるべ
現代語訳
日帰り散策を楽しむ
江戸人と歩く東海道五十三次
石川英輔
新潮文庫
田辺聖子
東海道中膝栗毛を旅
角川ソフィア文庫
昭和三十年代の匂い
岡崎武志
ちくま文庫
吉田健一
おたのしみ弁当
講談社文芸文庫
汽車旅の酒
吉田健一
中公文庫
ついこの間あった昔
林望
ちくま文庫
東京 都市の明治
初田亨
ちくま学芸文庫
蕎麦通・天麩羅通
廣済堂文庫
いつも食べたい!
林望
ちくま文庫
江戸たべもの歳時記
浜田義一郎
中公文庫
たべもの芳名録
神吉拓郎
ちくま文庫
小島政二郎
天下一品
食いしん坊の記録
河出文庫
酒味酒菜
草野心平
中公文庫
山口瞳
美酒礼賛
グルメ文庫
離れた家
殺人者の空
快楽と救済
梁石日 髙村薫
異端は未来の扉を開く
梁石日
呼ぶ山
夢枕獏山岳短篇集
夢枕獏
空海曼陀羅
夢枕獏
寄席楽屋帳
三遊亭圓生 著
口演速記 明治大正落語集成
第一巻
講談社
口演速記 明治大正落語集成
第二巻
講談社
口演速記 明治大正落語集成
3 幻の「百花園」落語 初の全席完全復刻
講談社
口演速記 明治大正落語集成
第四巻
講談社
口演速記 明治大正落語集成
5 名作落語の原点と珍しい噺の再発見
講談社
口演速記 明治大正落語集成
第六巻
講談社
口演速記 明治大正落語集成
第七巻
講談社
品川宿遊里三代
秋谷勝
てきすと その一
柳家小満ん
てきすと その二
柳家小満ん
てきすと その三
柳家小満ん
てきすと その四
柳家小満ん
てきすと その五
柳家小満ん
てきすと その六
柳家小満ん
てきすと その七
柳家小満ん
ありがたい神社の歩き方
日光街道をあるく
土曜の昼は中華街
戦場の的厨師
川越街道
SNOOPY
スヌーピー全集
全10巻

自縛の紐
逆転の構図
仮面の男
殺人処方箋
謀殺のカルテ
もうひとりのタイピスト
エディに別れを告げて
衝撃の私小説
ジョン・ル・カレ伝 下
ジョン・ル・カレ伝 上
カリタ教授の奇蹟
世界の果てでダンス
わが手に雨を
監禁面接
ピラミッドの秘密
料理人誕生
既死感
死の序列
銃、ときどき音楽
天球の調べ
ロシア人はいかにして野球を発明したか
死のフェニーチェ劇場
完全な真空
パリの女探偵
「ニューヨーカー」とわたし
アゲンスト・アメリカ
漆黒の鳥
起きようとしない男
不幸な出発
反復
死がお待ちかね
ネゴシエイター
起源の小説と小説の起源
第八の日に
火を熾す
時間のないホテル
ゴッドファーザー 上
ゴッドファーザー 下
果樹園
松本清張編 完全殺人を
松本清張編 決定的瞬間
松本清張編 黒い
松本清張編 優しく殺し
松本清張編 犯罪機械
松本清張編 密輸品
地獄
プレイボーイ傑作集
西部小説ベスト10
スパイを捕えろ
年刊推理小説ベスト18
現代アメリカ作家12人集
戦後推理小説ベスト15
年刊推理小説ベスト10
1963年版推理小説ベスト20
憑かれた鏡
ユーモア・スケッチ傑作展
ユーモア・スケッチ傑作展 (2)
ユーモア・スケッチ傑作展 (3)
モンスターズ
殺人コレクション
シャーロック・ホームズ ベイカー街の殺人
シャーロック・ホームズ ワトスンの災厄
シャーロック・ホームズ ベイカー街の幽霊
シャーロック・ホームズ アメリカの冒険
シャーロック・ホームズの大冒険 上
シャーロック・ホームズの大冒険 下
恋しくて
変愛小説集
変愛小説集 II
居心地の悪い部屋
美しい子ども
ニューヨーカー短篇集 I
ニューヨーカー短篇集 II
アメリカ短篇24
O・ヘンリー賞作品集
ベスト・アメリカン・短編ミステリ
ブロードウェイの探偵犬
バビロン行き番列車
かりそめの死
イギリス新鋭作家短篇選
現代ドイツ作家集
現代東欧幻想小説
現代イギリス幻想小説
現代北欧文学18人集
世界短篇文学 2 イギリス文学
世界短篇文学全集 9 南欧文学
私は目撃者
エロティカ
ふらんす怪談集
謎の物語
アメリカの息子
山にのぼりて告げよ
砂糖きび
笑いなきにあらず
窓辺の少年
ビートルクリーク
黒人作家短篇集
見えない人間
ニクロ・エッセイ集
詩・民謡・民話
黒人文学研究
二人で泥棒を
トフ氏と黒衣の女
フレンチ警部と漂う死体
またまた二人で泥棒を
検屍官の領分
最後に二人で泥棒を
世界短編名作選 イギリス編
世界短編名作選 東欧編
世界短編名作選 スペイン編
世界短編名作選 イタリア編
世界短編名作選 アメリカ編
世界短編名作選 ドイツ編

書評家・杉江松恋さんは自宅一階約十二畳の仕事場の半分ほどのスペースに図書館用のスチール書棚を向かい合わせに十六棹、壁面に四棹設置。ほかに机まわりに木製の本棚が三棹あるが、収納されている一万冊超の本は基本的に資料になると判断されたもので、想像するよりも小説は少ない。プロパーのミステリーでも壁面に並んだ文庫はほぼ海外もの。国内ものは読んで書評すると概ねお役御免となり、必要なものは倉庫に、そうでもないものは処分するという。絶版や入手困難なもの以外は残さなくていいというのが基本方針なのである。スチール書棚の本は国内、海外、文庫に分けられ、著者別五十音順に並べられている。日本の「あ」〜「わ」、海外の「あ」〜「わ」と整理されているのだ。収納力の関係で、背ではなく底を見せている本も少なくないが、五十音順なので何が並んでいるかは一発でわかるらしい。ちなみに横積みになっているのは同じ著者の本というから、つまり保存冊数が多い作家。光栄なことなのである。探しやすさが最優先の棚というだけあって、五十音順を守るべく、毎日棚の本は移動している。処分したり倉庫に送ったりして、少しずつ隙間を作っては正しい位置に並べているのだ。この家に住んで十五年、なにを隠そう、家族ですら入ったことがない！という人跡未踏の本棚をじっくりご覧いただきたい。

杉江松恋（すぎえまつこい　ミステリ評論）２０１９年２月号

リビングまで増殖する本棚

霞流一

骨の袋
伊丹十三
DVDコレクション
幻影城の時代 完全版
現代推理小説論
映画術
FREAKY
THE COFFIN DANCER
Panasonic
OMRON
HEM-7131

2019本格ミステリ・ベスト10
似鳥鶏
白井智之
scottie
FlowerBox

エースをねらえ!
山本鈴美香
あしたのジョー
KC
ひっくりかえったおもちゃ箱
天然
根本敬
人生解毒波止場
あずまんが大王
みずほ草紙
花輪和一
月ノ光
朱雀門
天水
刑務所の中
護法童子
浮草鏡
不滅の蒸気機関車
蒸気機関車
ニッポンの犬
ROADSIDE JAPAN
日本列島鉄道の旅
世界鉄道の旅
NHKドラマ愛蔵

天下御免
日本列島なぞふしぎ旅
江戸小咄類話事典
江戸の笑い話
日本史珍説奇説百科
大名人のつもり
人生成り行き
立川談志
志ん生の忘れもの
背中の志ん生
びんぼう自慢
テレビ50年
日本映画
鬼太郎夜話
広告キャラクター大博物館
マスコット物語
網島理友
江戸・東京百名山を行く
手島宗太郎
帝都東京・隠された地下網の秘密
秋庭俊
全国アホ・バカ分布考
中央線
中央線の詩 上
中央線の詩 下
東京都の不思議事典 下
東京都の不思議事典 上
〈国際開発論〉入門
作家と犬
最新日本酒銘鑑
焼酎入門
ぬっとあったものと
東京R不動産

万国奇人博覧館
映画の全仕事
2003
不思議がいっぱいの本
世界変人型録
ニッポン秘境館の謎
封印された日本の村
東京の地理がわかる事典
迷信シロクロ大全
虫の知らせの科学
魔がさす瞬間
探偵の本
エラリイ・クイーン

ミステリ作家・霞流一さんは自宅二階の仕事部屋のほか、一階のリビングルーム、二階の和室、さらに倉庫、物置と家のあちこちに分散して本を収納している。仕事部屋は四畳半ほどのスペースだが、本棚とカラーボックスが巧みに組み合わされて二方の壁面を天井まで覆い、まさにコクピット状態。落語・演芸関係、ムー系にオカルト、警察関係、国内外のミステリー文庫などが前後二重にぎっしりと並んでいる。古典ミステリーは資料、参考図書だが、仁木悦子、都筑道夫、結城昌治は「めくっていると気持ちよくなる」そうで、机から手の届く位置に一冊ずつ置いてあるらしい。和室には市販の本棚と造り付けの本棚が設置され、漫画から映画のパンフレット、ミステリーの単行本やノベルス、アンソロジーなどが作家ごとに並べられている。一階リビングの壁面に造り付けられたがっしりした本棚にはポケミス、ミステリーの叢書のほか、日本ミステリーの単行本とノベルスが作家の五十音順に、映画、東京、食べ物・日本酒、落語、鉄道などの本がジャンル別に分類されて収められている。さらにキッチンとの境にも扉つきの棚が設置されていて、扉を開けると料理関係の本と映画のＤＶＤがジャーンと登場。ここ数年で二、三千冊は処分したというが、おそらく合計すれば一万五千冊は超えるだろう本が見事に整理された本棚なのである。

霞流一（かすみりゅういち　ミステリ作家）２０１９年３月号

穂村弘

手放さない本が埋め尽くす

ZÁZRAČNÁ
HODINKA
KNIHA PRO MLÁDEŽ
NAMALOVALA
MARIE MAJEROVÁ
OBRÁTKY JOSEFA LADY
Design
LITTLE WHITE BARBARA
Kinēbus

MUNARI
FOOTNOTES AND HEADLINES
SISTER CORITA
ダイアン・アーバス／ファミリー・アルバム
ドアノー写真集
子どもたち
LES ENFANTS LES GOSSES
SELF AND OTHERS
植田正治とその仲間たち
SHOJI UEDA
overdrive
OUTSIDER ART アウトサイダー・アート
ANTI-ART NON-ART
URGENT 2ND CLASS NICK BANTOCK
MARK RYDEN ANIMA MUNDI
Leaves
球体
球体 5 GROUND
patrick rössler das bauhaus at the newsstand das bauhaus am kiosk die neue linie 1929–1943
KERBER ART
L'Élégance
Le Bleu du Ciel 金子國義〈青空〉
La Galerie d'ALICE 金子國義 アリスへの画廊
KUNIYOSHI KANEKO OIL PAINTINGS
K. Kaneko
美術出版社
宇野亜喜良 クロニクル
Chronicle
福沢一郎展
吉原治良展
ハーマンミラーの会社案内。
TADANORI YOKOO MEMORIAL THEATER
花椿ト仲條
PIE BOOKS
新世紀SM画報
丸尾末廣
PAUL KLEE Pedagogical Sketchbook
Faber
版画集 前田藤四郎
京都書院
Keiichi Ohta

少女への手紙
ルイス・キャロル
不思議の国のアリス

二十世紀の最後の夜に
ソライロノハナ
萩原朔太郎
萩原朔太郎論
中村稔
萩原朔太郎
小宇宙
キャロル イン ワンダーランド
ハンガリー民話集
デュシャンは語る

世界の写真家
眼の狩人
Exposition de Buvards

VÁCLAV ŘEZÁČ
KLUCI, HURÁ ZA NÍM!
STÁTNÍ NAKLADATELSTVÍ DĚTSKÉ KNIHY
アリス狩り
高山宏
クレーの日記
150年目の『不思議の国のアリス』
少女への手紙
ルイス・キャロル
不思議の国のアリス
二十世紀の最後の夜に
ソライロノハナ
萩原朔太郎
Design
of the 20th Century
風景の発見

Paul Jacoulet
BRUNO MUNARI
BRUNO MUNARI
BRUNO MUNARI
MY FUTURIST PAST
Bruno Munari
Air Made Visible
THE CIRCUS IN THE MIST
Munari
A FLOWER WITH LOVE
WHO'S THERE? OPEN THE DOOR
ABC
CON FANTASIA
ONE STROKE
松本竣介

岡上淑子全作品
The Complete Works of Toshiko Okanoue
TROPICAL DECO
GERMAN MODERN
EN ROUTE
FRENCH TRADEMARKS
DECO ESP
DECO T
liberté futuristes
JAPANESE
ITALIAN
喫茶ギュスターヴ
Tove Jansson
TAIKATALVI
WSOY
MUU
PYR

Yokoo Tadanori Prints Retrospective —HANGA JUNGLE—
HANGA JUNGLE
芸術の起源へ
Corporate Diversity
IDEA
ザ・プロダクツ
モノのデザインのすべて
浪漫図案
ラミーのすべて
LAMY
グラフィック社
THE HERMAN MILLER COLLECTION 1952
JAPAN DESIGN to the new generation
LITTLE · WHITE
BARBARA
ELEANOR · S · MARCH
カラーテレビ版ムーミン名作絵はなし
BABEL

1910-1945
一〇〇年前の日本
東京
日本映画とモダニズム
1920
1930
岩本憲児
モボ・モガ
阪神間モダニズム
1920-1940
日本のダダ
白川昌生
BAND-AID
ADHESIVE BANDAGES
Tyro-thri-cin Pad
Johnson & Johnson
20世紀美術の
LA VILLE MODERNE

棒パン日常でおなじみ、穂村弘さんは自宅一階リビングの壁一面に特注のユニット式本棚を設置。幅三メートル六十センチ高さ二メートル四十センチのスペースにできた十二×六個の箱に写真集、画集、デザイン・タイポグラフィー関係の本、古い絵本や児童書など、主に大判の本を三千冊ほど収納している。北欧の蚤の市で手に入れた一九三八年刊のムーミン本をはじめ、チャペックの装画本、ソ連の絵本、ブルーノ・ムナーリの原書等、各国言語の本が並ぶが、もちろん読めない。この棚は「ほぼ読まないけど、手放すと二度と手に入らない可能性が高い本が死蔵されている」状態だという。買うのが好きなのである。ほとんどが古書で購入した本だが、買ったあとに喫茶店でいいものを買ったなあ、と自画自賛したり、一緒にいる人にいかにいい本かを語るときがいちばん熱心に見る瞬間で、家に帰るとこの棚に吸い込まれて探し出すこともできないらしい。歌集や仕事関係の資料、絵本など五千冊ほどの本を二階の三部屋に分散収納しているが、また手に入る本、たとえば文豪の文庫などは買っては処分し買っては処分しを繰り返しているという。本が入りきらなくなるたびに引越してきたが、それもそろそろ限界。いまは必死に本を減らそうとしているところだそうだが、その中で「死蔵」された本たちは実に幸せそうに背を見せていた。

穂村弘（ほむらひろし　歌人）２０１９年４月号

松坂健
翻訳ミステリ、なんでもあります

THE FILM ENCYCLOPEDIA
EPHRAIM KATZ
IT'S A WONDERFUL LIFE
BILLY WILDER
Les mystères Delon
SUNSET BOULEVARD
Ed Sikov
THE TWILIGHT ZONE FAQ
THE HOLLYWOOD BOOK OF DEATH
TERROR ON TAPE
ADDITIONAL DIALOGUE
PSYCHO
SCIENCE FICTION
THE SEASON
WILLIAM GOLDMAN
VERTIGO
FILM NOIR READER 4
HORRORS
The Great Radio Comedians
The SOUND of MUSIC STORY
WHO THE DEVIL MADE IT
VISIBLE FICTIONS
Michael Caine
CHRISTOPHER LEE
SPIES AND SLEUTHS
FILM NOIR
HORROR MOVIES
THE FILMS OF PETER LORRE
THE DETECTIVE IN HOLLYWOOD
THE DETECTIVE IN FILM
The Complete Marilyn Monroe
THE ESPIONAGE FILMOGRAPHY
LES ENFANTS DU PARADIS
Hall of Mirrors

B級ノワール論
THE 2001 FILE
WOODY ALLEN ON LOCATION
VINCENT PRICE
GREAT TV & FILM DETECTIVES
ENCYCLOPEDIA OF EARLY TELEVISION CRIME FIGHTERS
Saul Bass
Film Architecture
THE FILMS OF JAMES MASON
映画辛口案内
男の花道
昨日消えた男
マジックアワー
映画の天地左右
映画の学校
日本映画批判
スクリプター
にっぽん 脚本家クロニクル
封印の昭和史

ローマ帝国衰亡史
小酒井不木全集
創作心理学
北京の秋
赤い草
心臓抜き
半七捕物帳
シェークスピア全集
マイナス・ゼロ
エロス
オフィス忠臣蔵
最後の審判の巨匠
魔弾の歌声
青の殺人
カポネの時代
大恐慌の時代
ケネディの時代
アメリカン・ヒーロー
海野十三全集
松本清張短篇総集
世界不思議物語
萬葉集
高木彬光
478

小松左京
中井英夫
松本清張
現代作品集
短編名作集
横溝正史
高木彬光
帝国の死角
誘拐・失踪
エリオット全集
黄金遁走曲
紀ノ上一族
夢野久作全集
久生十蘭全集
殺人鬼
殺人小説集
龍神丸
快傑黒頭巾
日本怪談全集
鬼火
新青年傑作選
幻想のエロス
ポオ全集
大衆文学大系
中井英夫作品集
狩久全集
雄鶏通信
甲賀忍法帖
柳生忍法帖
おぼろ忍法帖
Faceless City
Anno Dracula
The Bloody Red Baron
魔女を焼き殺せ
夏がいっぱい
夏を追いかけて
アメリカン・ヒーロー
アメリカン・ビート
アメリカン・タイム
アメリカン・スタイル
アメリカン・ドリーム
ボブ・グリーン
チーズバーガーズ
街角の詩
怪奇文学大山脈
九十九本の妖
風花島殺人
私は呪わ
華麗島志奇

SCIENCE FICTION WRITERS
SUPERNATURAL FICTION WRITERS
SCIENCE FICTION
SUPERNATURAL FICTION WRITERS
ENCYCLOPEDIA OF MYSTERY & DETECTION
近代日本奇想小説史
A Catalogue of Crime
A Catalogue of Crime
世界ミステリ作家事典
DETECTIONARY
THE FINE ART OF MURDER
CRIME
CRIME FICTION II
CRIME FICTION II
海外探偵小説作家と作品1
海外探偵小説作家と作品2
海外探偵小説作家と作品3
悪人志願
鬼の言葉
探偵小説の謎
幻影城
続・幻影城
探偵小説四十年1
探偵小説四十年2
探偵小説四十年3
探偵小説四十年4
わが夢と真実
乱歩随想
奇譚／獏の言葉
うつし世は夢
蔵の中から
幻影城通信
子不語随筆
書簡 対談 座談
乱歩年譜著作目録集成
エラリイ・クイーン
ハヤカワ文庫
反逆者の財布
ギデオン警視の危ない橋
ギデオン警視の一カ月
殺す者と殺される者
死んだギャレ氏
燃える導火線
怪盗レトン
ある大使の死
殺人者と恐喝者
魔女の隠れ家
毒殺魔
死神の首飾り
サムライの剣
遙かなる星
007号の冒険
ねらった椅子
受賞作全集

CATCH ME SIDNEY!
DETECTIVES A to Z
THE YEAR'S BEST Mystery & Suspense Stories
ELLERY QUEEN'S MINI MYSTERIES
WHODUNIT? HOUDINI?
UNIVERSITY 1967-71
THE BEST AMERICAN MYSTERY STORIES 2012
HOLLYWOOD AND CRIME
L.A. NOIR
THE CONSUMMATE MICKEY SPILLANE & MAX ALLAN COLLINS
FALSE NEGATIVE JOSEPH KOENIG
BUST KEN BRUEN & JASON STARR
FAKE I.D. JASON STARR
GUN WORK DAVID J. SCHOW
DEADLY BELOVED MAX ALLAN COLLINS
SLIDE KEN BRUEN & JASON STARR
THE LAST QUARRY MAX ALLAN COLLINS
THE DEAD MAN'S BROTHER ROGER ZELAZNY
THE COCKTAIL WAITRESS JAMES M. CAIN
Great Cases of SCOTLAND YARD
Reader's Digest
STEVE ALLEN THE PUBLIC HATING
THE AVENGING CHANCE ANTHONY BERKELEY
LAST LAUGHS
VICTORIAN TALES OF MYSTERY & DETECTION
OXFORD
FUTURE POWER
THE ETHNIC DETECTIVES
13 Mistresses of Murder
THE ADVENTURES OF MAX LATIN
TRUE CRIME
THE MATHEMATICS OF MURDER
MURDER OF THE ADMIRAL
LEOPOLD'S WAY DETECTIVE STORIES OF EDWARD D. HOCH
RAFFLES OF THE ALBANY
ONE NIGHT STANDS LAWRENCE BLOCK
THE LETHAL SEX
SMILEY VERSUS KARLA JOHN LE CARRÉ
The Casebook of Gregory Hood
SYMONS
MASQUERADE
The Exploits of the Patent Leather Kid
Slot-Machine Kelly
Ten Thousand Blunt Instruments
Appleby Talks About Crime Michael Innes
The Battles of Jericho Hugh Pentecost
MURDER — ALL KINDS
THE PENGUIN COMPLETE SHERLOCK HOLMES ARTHUR CONAN DOYLE
G.K. CHESTERTON
THE VERDICT OF US ALL
SHIRLEY JACKSON
MURDER SCIENCE ROGER WILKES
THE ENGLISH DETECTIVE STORIES
BOOTHBY A BID FOR FORTUNE
ALLEN THE WOMAN WHO DID
GREY RIDERS OF THE PURPLE SAGE
CRAIK OLIVE
SOUTHWORTH THE HIDDEN HAND
BESANT ALL SORTS AND CONDITIONS OF MEN
LOWNDES THE LODGER
被告側の証人
恐怖の島
魔人
鍵のない家
怪奇な屋敷
黒蘭
幻の水族
四つの署名
十人の小さなインディアン
ダイヤルMを廻せ！
鉄路のオベリスト
無音の弾丸
ピカデリー・パズル
三つの棺
古典事件帖
大いなる過失
GN25

Drink to Yesterday
A TOAST TO TOMORROW · Manning Coles
JURGEN
FANCIES AND GOODNIGHTS JOHN COLLIER
THE DEADLY CLIMATE
Defy the Foul Fiend by John Collier
THE STAIRWAY
FORBIDDEN GARDEN
PAUL CAIN SEVEN SLAYERS
AUDITION FOR MURDER
JAMES COPELAND THE BUTLER
THE YORKSHIRE RIPPER Roger Cross
WORDS FOR MURDER PERHAPS
MURDER AMONG CHILDREN
TRAVELS
SPHERE
PATRICIA CORNWELL BLOW FLY
the brass rainbow
THE WITCHES
DEATH ROW
LIONEL DAVIDSON
SOMEONE LIKE YOU ROALD DAHL
MY UNCLE OSWALD ROALD DAHL
THE THIRD HALF
THE LAST STRAW Doris Miles Disney
DARK ROAD Doris Miles Disney
GOD SPEED THE NIGHT
2 THE CHRONICLES OF SOLAR PONS
3 THE MEMOIRS OF SOLAR PONS Derleth
4 THE CASEBOOK OF SOLAR PONS
5 THE REMINISCENCES OF SOLAR PONS
6 THE RETURN OF SOLAR PONS
THE DOSSIER OF SOLAR PONS Basil Copper
THE SECRET FILES OF SOLAR PONS
THE FURTHER ADVENTURES OF SOLAR PONS
THE UNCOLLECTED CASES OF SOLAR PONS
PETER DICKINSON THE YELLOW ROOM CONSPIRACY
PETER DICKINSON ONE FOOT IN THE GRAVE
PETER DICKINSON Hindsight
THE SEVENTH RAVEN
PETER DICKINSON THE POISON ORACLE
THE LIVELY DEAD
DEATH OF A UNICORN
XENOGENESIS
Beyond The Fields We Know
The King of Elfland's Daughter
LORD DUNSANY
DELUGE RICHARD DOYLE
THE SEVENTH JUROR
Sheep's Clothing
REBECCA'S PRIDE
THE BLOODING
THE CASTLE OF IRON
SUCH PRETTY TOYS
Black Alice
THE CRYSTAL MOUSE
PLUNDER OF THE SUN DAVID DODGE
THE LAST MATCH DAVID DODGE
WHAT'S THE MATTER WITH HELEN
THE PILOT
Svengali
THE FORZA TRAP
THE GLASS TEAT HARLAN ELLISON
THE OTHER GLASS TEAT HARLAN ELLISON
HARLAN ELLISON STALKING THE NIGHTMARE
STAR LIGHT, STAR BRIGHT
QUIET HORROR STANLEY ELLIN
THE PROMISE OF MURDER
THE MAN NEXT DOOR
THE WORM OUROBOROS E. R. EDDISON
MISTRESS OF MISTRESSES E. R. EDDISON
THE MEZENTIAN GATE E. R. EDDISON
A FISH DINNER IN MEMISON E. R. EDDISON
THE TOUR DAVID ELY
FELLOWSHIP OF FEAR
FIRST TRAIN TO BABYLON
THE MOMENT OF FICTION
THE SURVIVORS ANNE EDWARDS
BROWN'S REQUIEM
THE COLLECTOR JOHN FOWLES
JOHN FOWLES MANTISSA
THE EBONY TOWER JOHN FOWLES
John Fowles
THE MAGUS
JOHN FOWLES THE MAGUS
THE UNHOLY CITY
CHARLES G FINNEY
THE GHOSTS OF MANACLE
GOLDFINGER Ian Fleming
You Only Live Twice IAN FLEMING
...AND PRESUMED DEAD
the odessa file Frederick Forsyth

THE BURNING COURT · JOHN DICKSON CARR
THE DEVIL IN VELVET JOHN DICKSON CARR
Castle Skull JOHN DICKSON CARR
THE EMPEROR'S SNUFF BOX
PANIC IN BOX C
The Waxworks Murder
THE DEMONIACS JOHN DICKSON CARR
Dark of The Moon
MOST SECRET
THE BLIND BARBER
THE PUNCH & JUDY MURDERS
THE HOUSE AT SATAN'S ELBOW
THE THREE COFFINS
Panic in Box C
THE MAD HATTER MYSTERY
ARMED SERVICES EDITION
THE DOOMSDAY BAG MICHAEL AVALLONE
THE BALLOON MAN Charlotte Armstrong
THE WITCH'S HOUSE Charlotte Armstrong
THE GIFT SHOP
MISCHIEF
THE CASE OF THE WEIRD SISTERS
WALK OUT ON DEATH
THE CHOCOLATE COBWEB
THE INNOCENT FLOWER
KALEIDOSCOPE Michael Avallone
SHOOT IT AGAIN, SAM
STATION SIX-SAHARA
DEATH DIVES DEEP Michael Avallone
THE MAN FROM U.N.C.L.E.
Mr Campion and Others
Sweet Danger
MR. CAMPION'S CRIMINOLOGIST
THE TIGER IN THE SMOKE MARGERY ALLINGHAM
ERIC AMBLER'S DIRTY STORY
BACKGROUND TO DANGER
THE AFFAIR OF THE BLOOD-STAINED EGG COSY James Anderson
THE AFFAIR OF THE MUTILATED MINK COAT James Anderson
THE MURDER OF SHERLOCK HOLMES JAMES ANDERSON
THE RENDEZVOUS
THE DEFECTOR EVELYN ANTHONY
THE SILVER FALCON EVELYN ANTHONY
Stranger at the Gates
THE YOUNG OUTLAW or Adrift in the Streets
LUCKY JIM
The Riverside Villas Murder
SECOND FOUNDATION Isaac Asimov
ASIMOV A WHIFF OF DEATH
His Burial Too Catherine Aird
SLAVES OF SOLITUDE
THE HITCHHIKER'S GUIDE TO THE GALAXY Douglas Adams
Jeffrey Archer
MARCEL ALLAIN PIERRE SOUVESTRE FANTÔMAS
I COME AS A THIEF
NAKED CAME THE STRANGER
PRIMAL URGE
GREYBEARD BRIAN ALDISS
DEATH IN HIGH HEELS CHRISTIANNA BRAND
BRADBURY
R IS FOR ROCKET · RAY BRADBURY
THE AUTUMN PEOPLE
THE SMALL ASSASSIN
TOMORROW MIDNIGHT
RAY BRADBURY
A MEMORY OF MURDER
TIMELESS STORIES FOR TODAY AND TOMORROW RAY BRADBURY
LET'S ALL KILL CONSTANCE
THE WATCHER BY THE THRESHOLD John Buchan
The House of the Four Winds
THE TOMORROW TRAP
CHARTERS & CALDICOTT
A Fragment of Fear
MURDER PLAN SIX
THE NIGHT THEY RAIDED MINSKY'S
Robert Bloch
THE SKULL OF THE MARQUIS DE SADE ROBERT BLOCH
TERROR
THE COUCH ROBERT BLOCH
CHAMBER OF HORRORS
SCREAMS
A CLOCKWORK ORANGE
THE GUILT-EDGED CAGE CARTER BROWN
THE PHANTOM LADY CARTER BROWN
A GOOD YEAR FOR DWARFS?
THE COVEN Carter Brown
HEAD OF A TRAVELLER
THE CHINESE PARROT EARL DERR BIGGERS
BEHIND THAT CURTAIN EARL DERR BIGGERS
TO BORROW TROUBLE
THE CASE OF THE SOLID KEY ANTHONY BOUCHER
The Case of the Seven Sneezes Anthony Boucher
ROCKET TO THE MORGUE Anthony Boucher
The Sad Variety Nicholas Blake
THE RELUCTANT SPY
DEATH IN THE FIFTH POSITION
CHILDREN OF THE NIGHT
A WIND OF DEATH GAVIN BLACK
THE COLD JUNGLE
Malice with Murder Nicholas Blake
Honey for the Bears
THE BLACK CAMEL EARL DERR BIGGERS
NOTHING LIKE THE SUN BURGESS
TREMOR OF INTENT ANTHONY BURGESS
The John Franklin Bardin Omnibus
Prelude for a Kidnapping Oliver Bleeck
THE BRASS GO-BETWEEN
FOG OF DOUBT
MR. CHRISTOPOULOS
DEWEY DEATH CHARITY BLACKSTOCK
THE FOGGY, FOGGY DEW CHARITY BLACKSTOCK
OTHER INQUISITIONS
Doctor Brodie's Report Jorge Luis Borges
Labyrinths
Kai Lung's Golden Hours Ernest Bramah
YONDER CHARLES BEAUMONT
The Intruder
The Case of the Second Chance
THE BEAUTIFUL TRAP
FORMULA FOR MURDER BILL S. BALLINGER
THE NEW ATOMS BOMBSHELL ROBERT BROWNE
GRASSLANDS
THE MAN WHO DISAPPEARED
Nightmare Anne Blaisdell
SIMON BRETT
Image-Music-Text Roland Barthes
INHERITANCE
OUT OF CIRCULATION
WHAT A WAY TO GO Peter Bowler & Jonathan Green
THE SOUNDLESS SCREAM

ENCYCLOPEDIA OF MYSTERY & DETECTION
TWENTIETH CENTURY AUTHORS
THE CROWN CRIME COMPANION
THE LINEUP
AMERICAN NOIR
detective
Crime Fiction
Bloody Murder
ブラッディ・マーダー
ミステリの美学
SLEUTHS
海野十三全集
世界不思議物語
萬葉集

ゴジラ1954
SUPERNATURAL FICTION WRITERS
SCIENCE FICTION
SUPERNATURAL FICTION WRITERS
Dictionary of American Slang
漢語林
CRIME FILMS

ミステリ研究家・松坂健さんは4LDK約百平米のマンションを改装し、仕事場兼書庫兼宴会場として使用している。玄関を入って右手、南側はそもそも三室だったが、間仕切りの壁を取り払って十七棹の本棚を設置。広々とした居間にしている。十五人は余裕で入れるから、読書会や宴会の場にもなるそうだが、話に出てきた本をピックアップできるのが自慢。南側は全集、雑誌、海外のミステリ研究書、書誌、映画、演劇、テレビ関係、みすず書房の本などがジャンルごとに棚分けされ、整理されているのである。ミステリマガジン、EQ、マンハント、ヒッチコックマガジンは全冊、アームチェア・ディテクティブというアメリカの同人誌も全冊揃っているそうだ。一方、六畳二間だった北側も壁を取り払い、隙間なく図書館仕様の棚を造り付けて、日本で刊行された翻訳ミステリのほとんどを収納。さらにペーパーバック、ポケミス（もちろん全揃い）、翻訳ミステリの単行本、表四に小説の中身を地図化したアメリカのシリーズ、デル・マップ・バック六百四十冊揃いが並ぶかと思うと、チャンドラー、ロス・マク、ハモンド・イネスなどの研究書（洋書）がずらり。ホームズ・コーナーにはベイカーストリート・ジャーナルという、日本に三セットしかないファン雑誌の復刻版もあって、移動するたび、おお、と驚く驚愕の書庫なのである。

松坂健（まつざかけん　ミステリ研究家）２０１９年５月号

伊勢功治

音楽が染み渡る書斎

JAZZ FAKEBOOK
AUDREY HEPBURN
Neil Young
soul music A-Z
THE BEATLES SOUND
SOUL MUSIC A-Z
ROCK ALBUM BEST SELECTION
西洋音楽史 中世・ルネサンス
日本の音を聴く
ひねくれ者たちの肖像
幻の映像
ゴダール全集
映画芸術論
十字路の彼方
楽器のかたち
歌舞伎事典
MARIO GIACOMELLI
Josef Koudelka
映画術 トリュフォー
ソクーロフ
British Rock Vol.1
American Rock Vol.2
A HARD DAY'S WRITE
JIM MORRISON
BLUES WHO'S WHO
CAROLE KING

AVANT GARDE
ANSELM KIEFER
William Morris
満州昭和十五年
20th Century Photography
TASCHEN
Blossfeldt
モダン・デザイン全史
バウハウス
世界の詩論
ダダ
シュルレアリスム
魔術的芸術
Bauhaus Collection
近代建築保存の技法
HENRI CARTIER-BRESSON
AMERICA IN PASSING
装幀の美
Giacometti
鳥の飛翔に関する手稿
現代日本のブックデザイン
The Best of LIFE
LIFE AT WAR
VERVE
桃山の文様
日本の陶磁
日本現代工芸美術

滑川市史
Leonardo da Vinci
BLACK MUSIC
Hamlyn
Switch
モダニズム詩の時代
翻訳のダイナミズム
弁証法
映像言語と想像力
MARIO GIACOMELLI
超デザイン
ツァラ詩集
虚言の領域
涙した神たち
現代写真人名事典
日本近現代美術史事典
英語イメージ辞典
富山県文学事典
起源新事典
Paul Bowles
宇宙誌
想起のかたち
メタヒストリー
イスラーム神学古典選集
神秘哲学集成
エーリヒ・ケストナー
イメージ
青騎士
絵画の「進化論」
周縁のモダニズム
日本の詩雑誌
定本・高島順吾自選詩集
新興芸術研究
現代日本文学年表
現代詩の胎動期
大歌謡論
世界大博物図鑑
日本の写真家
立体で見る美術がわかる本
道具と機械の本
古代ローマ文化誌
Book Glue

WORDS by Bob Dylan
Hiroshi NAITO 2
鷗外全集
漱石全集
詩・現實
北川冬彦全詩集
萩原朔太郎全集
北園克衛全詩集
岡崎清一郎全詩集
lamartine
baudelaire
rimbaud
valéry
mallarmé
claudel
cocteau
verlaine
éluard
michaux
aragon
VELAZQUEZ
DELACROIX
DURER
PICASSO
MATISSE
DUCHAMP
REMBRANDT
MICHELANGELO
RUBENS
RODIN
BRUEGEL
TURNER
HANS BELLMER
MAN RAY
RENE MAGRITTE
酒井抱一と江戸琳派の全貌
BRUNO MUNARI
ブルーノ・ムナーリ
日本語大辞典
日本語百科大事典
David Hockney
八木一夫
現代写真史
A WORLD HISTORY OF PHOTOGRAPHY
bauhaus 1919-1933
MOHOLY-NAGY
PAUL KLEE
ONCE UPON A TIME
MONDRIAN ET LA PEINTURE
LE SURREALISME
ルネサンス美術
知られざるレオナルド
THE UNKNOWN LEONARDO
世界芸術写真史
ロセッティ画集
ミケランジェロ 彫刻
イコン
PASSAGE

グラフィックデザイナーである伊勢功治さんの本棚はデザイナーらしくない本棚だ。自宅兼事務所の二部屋には木製の重厚な本棚が六棹設置され、美術書、写真集など大判の本がジャンルごとに整理されているが、目に飛び込んでくるのは詩集や音楽書。仕事部屋の奥の棚には六〇年代や七〇年代のシングル盤レコードが二千枚ほど収められ、その上には洋楽関係の本が天井までぎっちりと横積みされている。手前の棚の下二段もロックやジャズなどの音楽書が占め、上段には映画、演劇関係の本が並んでいる。シュルレアリスムや写真論など美術、写真関係の本が並ぶ棚をはさんで、入口に近い棚に並ぶのは、萩原朔太郎や瀧口修造などの古い詩集だ。仕事机の脇の棚に並ぶのも主に詩集や詩論で、研究している同郷の詩人、高島高の色紙の下は収集された高島の詩集と資料が整然と収められている。打ち合わせスペースを兼ねたリビングには各種の辞書・事典類が用意されたゲスト用の机が設置されているが、その横に置かれた本棚に並ぶのは「コレクション瀧口修造」であったり「現代の藝術と批評叢書」であったりするから、やはりデザイナーらしくない。丁寧に作られた函入り本が並ぶ本棚はどこか静謐で「フランス詩人選」の前に並べられたミニチュアギターのコレクションが奏でるブルースの音が聴こえてくるような空間なのである。

伊勢功治（いせこうじ　グラフィックデザイナー）２０１９年６月号

坂野公一

四六判も新書もおまかせ。ぴったり収まる本棚

SAWA KYOGOKU MIYABE
IMASA NATSUHIKO MIYUKI
五輪
天上の論理
愛の徴
首都感染
日本の現場
聚珍録
design
ADRIAN FRUTIGER—TYPEFACES THE COMPLETE WORKS
Earth on Fire
シンボルの事典
グラフィックデザイン全史

笑劇全集
井上ひさし
Advertising is
Takuya Onuki Advertising Works
1980-2010
DemiSoda
Craft ROBO
スター・ウォーズ コスチューム大全
仮面ライダー
PAUL KLEE
「ディラックの海」
初の本格的科学評伝

helmut schmid:
gestaltung ist
haltung
design is
attitude
IN★POCKET
発現
スナッチ

匿名座談会
追悼！噂の眞相
日本のタブー
竜王氏の不吉な旅
鮎川哲也
赤い密室
鮎川哲也
妖怪談義
13人目の探偵士
山口雅也
竹本健治
黒と茶の幻想
恩田陸
関戸克己
フリークス
綾辻行人
長い長い殺人
ウロボロスの基礎論
竹本健治
碑文谷事件
鮎川哲也
夏の名残りの薔薇
恩田陸
奇偶

円相の芸術工学
まだらの芸術工学
生きる
夢の場所・夢の建築
生命の樹・花宇宙
宇宙を呑む
かたち誕生
芹沢銈介の文字絵・讃

上條淳士画集
1983
成田亨作品集
世界の国旗大百科
ジュニア朝日年鑑
理科
大図解
21世紀こども百科
21世紀こども百科
歴史館
小学館
SAVE THE EARTH
地球を救え
UNION ATLAS
総合
世界／日本地図
改訂新版

坂野公一氏が代表を務めるデザイン事務所「welle design」は横浜市郊外の高台に建つ隠れ家のような一軒家だ。玄関を入ると、左手に本の背がちらほら。なんと真っ黒な壁に数か所、穴がくり抜かれていて、その穴に都合、六冊の本が差してあるのだ。しかも一か所は京極夏彦『豆腐小僧双六道中ふりだし』単行本版専用。この変型判しか入らない穴なのである。正面には斜めになった白い階段があって、ずいぶん急だなあ、と前に回ると、段がない！　階段ではなく柱というか壁らしい。建てるのに三年かかったという事務所兼自宅はメビウスの輪をモチーフに、外と中がつながるイメージで造られているのである。ちなみに建築家による命名は「CELLULOID JAM」。一階事務所スペースには幅四メートル強、天井までの高さの本棚が、仕事場に一棹、応接スペースに二棹、造り付けられ、自社の装丁本が判型別、ジャンル別に並べられている。最上段から文庫、新書、四六、大判と整理されているが、一ミリ二ミリの隙間で収まるように設計されているので、まさにぴったり。本がきれいに見えるための工夫なのである。納戸に設置された本棚に諸星大二郎や楳図かずおなどの漫画から荒俣宏、埴谷雄高の著作まで、趣味の本が並ぶが、圧巻は自宅へと続く白い階段。ここに本が並ぶとは！　これぞ発想の転換。メビウスの輪の本棚なのであった。

坂野公一（さかのこういち　グラフィックデザイナー、welle design 代表）

2019年7月号

愛知編

第4章

蛇の道は蛇の巻

太田忠司
大島健一
大矢博子
黒田研二
渡辺英樹
未読王

中井英夫
薔薇への供物
黒鳥の囁き
名なしの森
プラネタリウムにて
真珠母の匣
人外境通信
悪夢の骨牌
幻想博物館
とらんぷ譚
ケンタウロスの嘆き
光のアダム
やさしいライオン
中井英夫スペシャル
凶鳥の黒影
世界の推理小説・総解説
月の魔力
乱歩と東京
幻影の蔵
本格ミステリ・ディケイド300
薔薇幻影の時代 完全版
カードマジック入門
森の博物館
夢野久作全集
小栗虫太郎全作品
ポケット六法
バブル
日本の警察
探偵ハンドブック
科学捜査マニュアル
裁判傍聴マニュアル
古武術・剣術がわかる事典
十角館の殺人
昭和ミステリ美術館
少年少女
ハーブティー
はじめてのガーデニング
星新一 ショートショート1001
芥川龍之介全集
東西ミステリーベスト100
アレ何?大事典
花屋さんになるには
ハイドランジア
クレマチス
手塚治虫COVER
探偵の技法
トヨタかんばん方式の秘密
三百字小説

太田忠司

スイッチひとつで三万冊も楽々移動

月刊小説王
新説中編読切六
最大級の面白さ
ペットのアンソロジー
本屋さんのアンソロジー
迷宮ケ丘
宇宙刑事はエレベーターで
小説NON
京極夏彦
翻訳ミステリー
フランス・ミステリー
L'arcipelago del fantastico
ミステリマガジン
SF入門
日本の異端
戦争論
小説NON
句いたつ女を求めて
1980年大百科
赤に捧げる殺意
青に捧げる悪夢
ベスト本格ミステリ2016
ベスト本格ミステリ2017
和菓子のアンソロジー
パイプレーヤー読本
神々と出会う中世の
サーカス・見世物
初代ゴジラ研究読本
日本呪術全書
20世紀の暦
エラリー・クイーン Perfect Guide
地学のガイド
陰陽道の本
神道の本
八百万の神々
街の履歴書
越境する本格ミステリ
世界の果てのカレイドスコープ
警視庁捜査一課特殊班
生命のニューサイエンス
はじめてラジオを作る本
ラジオ工学教科書
土壌学の基礎
土壌微生物の基礎知識
禅と禅芸術としての庭
月面基地建設
宇宙エレベーター
非国民のすすめ
斎藤貴男
アイズ
本格ミステリ・ワールド
新潮
世界の犬カタログ
インコの飼い方
ダックスフンドの飼い方
サガフロンティア2
アルティマニア
ビートルズ
名古屋いい店うみゃ〜店
探偵小説と日本近代
火星の夕焼けはなぜ青い
火星地球化計画
マーズ・ダイレクト
激突!!アメリカンプロレス読本
子不語の夢
怪奇幻想ミステリ150選
愛犬の友
造園実務ポケットブック
とっておきの英国庭園
美しい庭づくり
本格ミステリ・フラッシュバック
現代犯罪図鑑
絶対ミステリーが好き!
THE ROCK SAYS
The Rock
アメリカンプロレス読本
プロレス名鑑
闇の歴史
完璧マニュアル
プロレスカラー名鑑
もやし屋のクイロー

おしゃれ香り学
小説工房
初めてのマイホーム
FIRST MASTER GUIDE
本格ミステリ09
ペットの命を守る
筒井康隆の世界
2011
本格ミステリ06
本格ミステリ05
DRAGON MAGAZINE
香りのカタログ
2013

東京のドン・キホーテ
エルヴィスが死んだ
小林信彦の世界
ぼくたちの好きな戦争
自虐の詩
本棚探偵の冒険
本棚探偵の回想
本棚探偵の生還
メフィストの漫画
名探偵はどこにいる
日本沈没 第二部
探偵小説の論理学
小森健太朗
高城高
クローム・レクイエム
小島正樹
名古屋殺人事件
ブラッド・ブレイン
天然知能
木谷恭介
名探偵はもういない
霧舎巧
二つの名を持つ犬
近藤史恵
セレネの肖像
小前亮
紙魚家崩壊
北村薫
完全犯罪
武家屋敷の殺人
今野敏
冷たい太陽
時限人形
ダンジョン飯 2
九井諒子
恐怖の作法
キアズマ
祟りの一族
味なしクッキー
岸田るり子
黒田研二
川辺純可
ディオニュソスの蛹

東京創元社 解説目録
東京創元社 解説目録
精神史
ミステリーズ！ 91 OCT
ミステリーズ！ 92 DEC
ミステリーズ！ 93
ミステリーズ！ 94
ミステリーズ！ 81 FEB
ミステリマガジン
シャーロック・ホームズは永遠に
小説宝石
SFマガジン
百合特集
奇想天外 アンソロジー 復刻版
奇想天外 21世紀版 アンソロジー
山口雅也
TADASHI OHTA Phuc Hoi
TADASHI OHTA Phuc Hoi
TADASHI OHTA Phuc Hoi
TADASHI OHTA Phuc Hoi
桃神祭 2012
MOMOIRO CLOVER Z
はじめてのももクロ 完全版
Japanist 10
里山奇談
舞台 漫画みたいにいかない。第2巻
こんばんようから始めよう。
CHAOS
COSMOS
紅茶入門
英国ティーカップの歴史
日本ショートショート出版史
高井信
愛知妖怪事典
あいち妖怪保存会 編著
物語のひねり方
キャラクターBOOK
心理学入門
渋谷昌三
みんなの群読脚本集
重水健介
特撮秘宝
リーダーの心得
アイドルだって人間だもん！
山口めろん
ももクロ流
ももクロ改
ももクロ ビジネス学
ももクロ×プロレス
50代からのアイドル入門
大森望
アイドルとヲタク大研究読本
小島和宏
ももクロ裏伝説
ももクロ無限ロード
ももクロ画談録
平尾アウリ
ももクロを聴け！
アイドルばかり聴け！
堀埜浩二
のお仕事
チームSP
Momoiro Clover Film

中井英夫
現代推理小説大系
虚無への供物
塔晶夫
薔薇への供物
中井英夫
LA BATTEE
中井英夫
中井英夫詩集
中井英夫
黒鳥の旅もしくは幻想庭園
黄泉戸喫
中井英夫
稀有な作家の魂の遍歴
名なしの森
中井英夫
最新作品集
地下を旅して
中井英夫
最新エッセイ
プラネタリウムにて
本多正一
溶ける母
世紀末にて
中井英夫短歌論集
金と泥の日々
中井英夫
中井英夫スペシャル
香りの時間
中井英夫
磨かれた時間
中井英夫
最後の、エッセイ集
中井英夫
中井英夫戦中日記 彼方より
凶鳥の黒影
CRITICA 8
世界の推理小説・総解説
日時計・月時計・砂時計
坂田道夫
探偵小説研究会
増補 月の魔力
A.L.リーバー
光のアダム
中井英夫
蒼白者の行進
中井英夫
ケンタウロスの嘆き
中井英夫
文学論集
中井英夫
とらんぷ譚
54の短編が創り上げた幻影のとらんぷ
平凡社
幻想博物館
中井英夫
平凡社
悪夢の骨牌
中井英夫
平凡社
人外境通信
中井英夫
平凡社
真珠母の匣
中井英夫
待望の幻想小説四部作遂に完結
平凡社
EVERNOTE
本格ミステリ・ディケイド300
探偵小説研究会
江戸川乱歩
夢野久作
少年探偵団読本
江戸川乱歩アルバム
乱歩と東京
松山巖
江戸川乱歩探偵小説蔵書目録
幻影の蔵
新保博久
暗黒館の殺人
綾辻行人
夢野久作全集 1
夢野久作全集 2
夢野久作全集 3
夢野久作全集 4
夢野久作全集 5
夢野久作全集 6
夢野久作全集 7
三一書房
猫町
萩原朔太郎
金井田英津子
パロル舎
小栗虫太郎全作品 1
紅殻駱駝の秘密
小栗虫太郎全作品 2
完全犯罪
小栗虫太郎全作品 3
小栗虫太郎全作品 4
新伝奇小説
小栗虫太郎全作品 5
珠玉の傑作
小栗虫太郎全作品 6
魔境長篇小説
小栗虫太郎全作品 7
傑作17篇!!
小栗虫太郎全作品 8
傑作21篇!!
小栗虫太郎全作品
傑作17篇!!
ポケット
COLOR SELECTION
探偵ハンドブック
男のお洒落
科学捜査マニュアル
裁判傍聴マニュアル
古武術・剣術
武術「奥義」の科学
ニッポンの犯罪

ミステリーとジグソーが合体した、知的興奮おもしろメディア
ワニのJIGPUZZ BOOKS
Jigpuzz
L'arcipelago del fantastico
男爵最後の事件
太田忠司
月読
化粧ものがたり
僕の殺人
美奈の殺人
昨日の殺人
刑事失格
Jの少女たち
新宿少年探偵団
怪人大鴉博士
摩天楼の悪夢
紅天蛾
鴇色の仮面
まぼろし曲馬団
大怪樹
宙
五つの鍵の物語
琥珀のマズルカ
新本格謎夜会
忌品
天国の破片
帰郷
落下する花
硝子之鼠
月光亭事件
幻竜苑事件
夜叉沼事件
玄武塔事件
狩野俊介の冒険
天霧家事件
狩野俊介の事件簿
降魔弓事件
白亜館事件
銀扇座事件 上
銀扇座事件 下
狩野俊介の肖像
久遠堂事件
狩野俊介の記念日
百舌姫事件
翔騎号事件
レンテンローズ
笑う月
新都庁舎建設誌
からくり夢工房
MAGIC EYE
Jewelry Guide Book
人形5 現代日本の人形作家 ビスクドール
BISQUE DOLLS
山田かまち作品集
予告探偵 西郷家の謎
予告探偵 木塚家の謎
ミステリなふたり
ルナティック ガーデン
誰が疑問符を付けたか?
まいなす
甘栗と金貨とエルム
甘栗と戦車とシロノワール
大人のための自転車入門
空中都市

名古屋市在住の推理作家・太田忠司さんは自宅を新築した際、一階仕事場の奥に八畳ほどの書庫をつくり、可動式のスチール書棚を七棹設置したのだが、なんと、この可動式書棚は電動式！　スイッチひとつで本棚が前後に楽々と移動したかと思うと、上から蛍光灯が出てきて、棚の間を照らしてくれる優れものなのである。一棹が高さ二百三十センチ、幅二百四十センチほどで、七棹の表面と裏面それぞれに棚が九段用意されているから、前後二重に本を置けば文庫なら軽く三万冊は入る見当。「あ〜そ」「た〜わ」と側面に表示してあるとおり、主に日本のミステリーを著者別五十音順に判型問わず並べているが、設置から二十二年も経つと冊数も数倍増。空いたスペースを探しては積み込んでいる状態なので、五十音順どおりともいかなくなっているらしい。仕事部屋のスライド書棚は自宅を建てる以前から愛用している既製品だが、本棚ファーストで、壁の幅を本棚に合わせたため、造り付けのようにぴったり。自著のほか、中井英夫、江戸川乱歩、夢野久作などの巨匠の本、学生時代にバイト代で買った芥川龍之介全集等、青春の本が整然と並ぶ。書庫で目を惹くのはチャンドラー。二冊ずつあるのは、結婚した時に奥さんがこれは絶対、と持ってきたからなのだという。以来二十八年、夫婦のマーロウが離れない美しい本棚なのである。

太田忠司（おおただだし　推理作家）２０１９年８月号

大島健一

床置きでも背表紙は一目瞭然

味覚極楽
食いしん坊
吟味手帳
小島政二郎
味覚亭主
いのちの食紀行
立松和平
にっぽん洋食物語
洋食考
日々これ好食
美食文学大全
駅弁物語
駅弁マニア
たこやき
ふりかけ
メロンパンの真実
食べるアメリカ人
まだある。大百科
大衆食堂
大衆食堂の研究
定食と文学

山谷への回廊
0円ハウス
日本残酷物語 1 貧しき人々のむれ
日本残酷物語 2 忘れられた土地
日本残酷物語 3 鎖国の悲劇
日本残酷物語 4 保障なき社会
日本残酷物語 5 近代の暗黒
月刊 労務者渡世
釜ヶ崎風土記
山谷ドヤ街
生活者
プロレタリア情話
バタヤ社会の研究
カンカン人生
タコ部屋一代
労務者渡世
ニッポン釜ヶ崎
定本 東潤修全詩業
プロレタリア群像
若者の街
ホームレスになった
新宿ホームレス奮戦記
不埒な希望
ホームレス作家 松井計
働く日本人
高齢路上生活者
段ボールハウスで見る夢
段ボールハウスガール
ホームレス失格 松井計
路上ども
偏見から共生へ
ワーキングプア
日雇い派遣
正社員からの転落
今日、派遣をクビになった
最果ての街
万引き老人
老後破産
乞食学入門
新宿ふうてんブルース
北田玲一郎作品集
ルンペン学入門
安心したがる人々
貧困の光景 曽野綾子
貧困の僻地 曽野綾子
蟹工船
何でも見てやろう 小田実
終結のなかの発端 小田実
チャーリーとの旅
深夜特急 沢木耕太郎
あふりか浮浪

世界文學全集 41 裸者と死者 II
世界文學全集 40 裸者と死者 I
黒人の文学
裸のランチ
路上
路上
ビート読本 BG
ビート・ジェネレーション
ビート・ジェネレーション 諏訪優
路上 ON THE ROAD ジャック・ケルアック 福田実訳 ケルアック
路上 ON THE ROAD ジャック・ケルアック 福田実訳 ケルアック
ON THE ROAD Jack Kerouac オン・ザ・ロード 世界文学全集 I-01 河出書房新社
禅ヒッピー J・ケルーアック 旅に出ようよ 太陽社
禅ヒッピー J・ケルーアック 旅に出ようよ
禅 ジャック・ケルアック
ビッグ・サーの夏 最後の路上 Jack Kerouac BIG SUR ジャック・ケルアック 新宿書房
孤独な旅人 ケルアック
チャーリーとの旅 アメリカを求めて スタインベック著 大前正臣訳
チャーリーとの旅 J・スタインベック 大前正臣訳
チャーリーとの旅 ジョン・スタインベック
ぼくはお金を使わずに生きることにした マーク・ボイル
J・タイテル 大橋健三郎 村山淳彦訳 ビート世代の人生と文学
アイテムとヒッピー
壁に耳あり 男性自身シリーズ 山口瞳
変奇館日常
変奇館の春
隠居志願
銀婚式決算報告
元日の客
巨人ファン善人説
人生仮免許
展覧会の絵
卑怯者の弁
木槿の花
禁酒時代
余計なお世話 山口瞳
私の根本思想 山口瞳
梔子の花
還暦老人ボケ日記
年金老人奮戦日記
江分利満氏の優雅なサヨナラ
最後から二冊目の巻 山口瞳
これで最後の巻 山口瞳
江分利満氏の優雅な生活
江分利満氏大いに怒る
諸君！この人生、大変なんだ
人生論手帖 山口瞳 新・人生読本
わが師わが友 山口瞳 新・人生読本
わたしの読書作法 山口瞳 新・人生読本
会社の渡世 山口瞳 新・人生読本
衣食足りて 山口瞳 新・人生読本
海の鼠
破船
海の鼠
海の絵巻
海も暮れきる 吉村昭
海と馬 吉村昭
漂流 吉村昭
赤い人 吉村昭
破獄 吉村昭
仮釈放 吉村昭
吉村昭 関東大震災 文藝春秋
細菌 吉村昭 戦標の秘録
一私小説書きの弁 西村賢太
人もいない春 西村賢太
寒灯 西村賢太
西村賢太対話集
一日 西村賢太
二度はゆけぬ町の地図
瘡瘢旅行 西村賢太
二ナの歌 西村賢太
苦役列車 西村賢太
歪んだ忌日 西村賢太
薄明鬼語
無銭横町 西村賢太
下手に居丈高 西村賢太
痴者の食卓 西村賢太

つげ義春集
リアリズムの宿
無能の人
ねじ式・紅い花
歌謡漫画大全集
私立極道高校
私立極道高校
日本ボロ宿紀行
日本ボロ宿紀行
TOKYO STYLE
12万円で世界を歩く
山椒魚戦争

何でも見てやろう 小田実
世界が語りかける
深夜特急 第一便 黄金宮殿 沢木耕太郎
深夜特急 第二便 ペルシャの風 沢木耕太郎
深夜特急 第三便 飛光よ、飛光よ 沢木耕太郎
ニッポン大貧乏旅行記 藤本研
あふりか浮浪 アフリカ乞食行 鈴木正行
世界の裏街道を行く 大宅壮一
日本の裏街道を行く 大宅壮一
ずいぶんなおねだり 東海林さだお
のほほん行進曲 東海林さだお
明るいクヨクヨ教 東海林さだお
なんたって「ショージ君」 愛蔵版
とんかつ奇々怪々 東海林さだお
もっとコロッケな日本語を 東海林さだお
誰だってズルしたい! 東海林さだお
偉いぞ!立ち食いそば 東海林さだお
ショージ君の養生訓 東海林さだお
そうだ、ローカル線、ソースカツ丼 東海林さだお
東海林さだおの味わい方 南伸坊編
ショージ君のALWAYS
人生はデーヤモンド 篠原勝之
デーヤモンド・ヘッド 篠原勝之
クマさんのゲージツ日誌 篠原勝之
嵐の中をアカ犬が走る 篠原勝之
アイアンチャイルド 篠原勝之
骨風 篠原勝之
また一日 田中小実昌
行き暮れて雨 野坂昭如
橋のない川 住井すゑ
おじいさんの台所 佐橋慶女

刑事コロンボ
構想の死角
指輪の爪あと
二枚のドガの絵
死の方程式
パイルD-3の壁
偶像のレクイエム
殺人処方箋
別れのワイン
第三の終章
二つの顔
白鳥の歌
逆転の構図
闘牛士の…
仮面の男
死者のメッセージ
さらば提督
謀殺のカルテ
本邦初公開！
攻撃命令＊白鳥の歌
策謀の結末＊パイルD3の壁
秒読みの殺人＊二つの顔
特選 刑事コロンボ ⑤ 逆転の構図 ルーサン警部の犯罪
特選 刑事コロンボ ⑥ 魔術師の幻想 5時30分の目撃者
二見書房
刑事コロンボ COLUMBO
★生誕30周年記念 長篇オリジナル作
livro
グリーン・マイル
スティーヴン・キング
巷の美食家
抹香町 路傍
鳳仙花
もぐら随筆
老残 死に近く
ひかげの宿 山桜
インデペンデンス・デイ
映画原作
刑事コロンボ
構想の死角
指輪の爪あと
二枚のドガの絵
死の方程式
もうひとつの鍵
ホリスター将軍のコレクション
パイルD-3の壁
死者の身代金
偶像のレクイエム
殺人処方箋
別れのワイン
裏町の怪盗
消えた死体

日本、いや、世界でも数人しかいないと目される本の雑誌コンプリート者・大島健一さんは三ＬＤＫの一戸建て二階家にひとり暮らしをしている。そんな広い家にコレクターがひとり暮らしなんだから、家中いたるところに本の山ができているに違いない！　と思ったら、とんでもない。なんと本棚は二階十二畳の洋室に置いているのみ。寝室にしている一階和室のカラーボックスに「刑事コロンボ」シリーズ全冊を収めているが、それ以外の本は一切一階には置かないようにしているのである。しかも壁一面に設置された二階の本棚はすべての本の背が見えるようにきれいに並べられているうえ、漫画部屋のコミック、二階廊下のハヤカワ・ＳＦ・シリーズも床置きでありながら、小口を床に背を天井に向けて、床に棚差ししている状態で並べているので、雑誌以外、すべての本の背が見えるのである。作家別、ジャンル別に整理された本棚はこれから増えるであろう作家のために空きスペースが用意されているが、コレクターらしくダブリ本のオンパレードで、異版本はおろか、まったく同じ本まで二冊三冊と並んでいる。たとえばキャロルの『暴力青春』、秋山鉄の『ボルトブルース』は同じものが二冊ずつ、小田実の『何でも見てやろう』は異版を含め、八冊もあるのだ。いったいなぜこうなるのかは本の雑誌二〇一九年九月号のおじさん訪問記で！

大島健一（おおしまけんいち　会社員）２０１９年９月号

ミステリとアイドルが並ぶ秘密の花園

大矢博子

ARASHI
Anniversary
Tour
5×20
DRAGONS
Fellowes
Manufacturer of
Quality Products Since 1917
ECONO/STOR
本格力
英国鉄道物語
Happy?
ACK TO THE 90'S
oshihiko Tahara
小説すばる
野性時代
大獄
落陽
連鶴
おもちゃ絵
明治乙女物語
新選組の料理人
門井慶喜
徳川慶喜公への斬奸状
深夜の博覧会
辻真先
菩薩天翅
冲方丁
逃げろ、手志朗
雷雲の龍
千里の向こう
簑輪諒
横浜大戦争 明治編
蜂須賀敬明
青嵐の旅
葉室麟
蘇える鬼平犯科帳
跳ぶ男
青山文平
あきない世傳
介錯人
師匠、走る
今村翔吾
かわたれどき
それからの四十七士
きらきら舞い
奇説無惨絵条々

SHOCK
LOVE
10
ありがとう×20
にの
嵐
Japonism

〈少女小説〉ワンダーランド
L文学完全読本
斎藤美奈子
女探偵で読む！ミステリ読本
五枚目のエース
スチュアート・パーマー
ペンギンは知っていた
エラリー・クイーンのライヴァルたち①
ブレイディング・コレクション
女性心理サスペンス
レディ・モリーの事件簿
バロネス・オルツィ
戸川安宣
ソープ・ヘイズルの事件簿
V・L・ホワイトチャーチ
レティシア・カーベリーの事件簿
嵐の館
ミニオン・G・エバハート
被告人、ウィザーズ&マローン
クレイグ・ライス
霧の中の館
レイディ・オードリーの秘密
待望の翻訳！
赤ずきんの手には拳銃
白雪姫、殺したのはあなた
フランシス・ベアードの冒険
ヘイガー・スタンリーの事件簿
あしながおじさん
DADDY-LONG-LEGS
JEAN WEBSTER
グラフトンのG
アガサ・クリスティー完全攻略
アガサ・クリスティーの秘密ノート
アガサ・クリスティー百科事典
シスターズ・イン・クライム
優しすぎる妻
メアリー、ドアを閉めて
隠れ家
ウーマン・オブ・ミステリー
ウーマンズ・アイ
ウーマンズ・ケース
犯罪の中のレディたち
妊娠小説
斎藤美奈子
続あしながおじさん
女が読む日本近代文学
女性状無意識
小谷真理
P・D・ジェイムズ コーデリアの言い分
沈黙の時代に書くということ
サラ・パレツキー
アメリカ文学にみる女性と仕事
現代批評でよむ英国女性小説
女探偵大研究
ジェイン・エアは幸せになれるか？
ヒースクリフは殺人犯か？
ヒロインで読むミステリー
久美沙織
コバルト文庫で辿る少女小説変遷史
新井素子
女性探偵たちの履歴書
女性のためのミステリ・トーク
BOOK THERAPY
DRAGONS
1994
BIBLE SIZE
6 HOLE PUNCH
アガサ・クリスティー読本
ミステリ・ハンドブック アガサ・クリスティー
アガサ・クリスティーを訪ねる旅
ポアロとミス・マープル
名探偵ポワロの華麗なる生涯
ミス・マープルの愛すべき生涯
アガサ・クリスティーの生涯
欺しの天才
アガサ・クリスティーと14の毒薬
アガサ・クリスティーの誘惑
アガサ・クリスティーの贈物
アガサ・クリスティーの大英帝国
AGATHA CHRISTIE Ten Little Niggers
ミステリーの人間学
廣野由美子
スリーピング・マーダー
マン島の黄金
十人の小さなインディアン
世界ミステリ全集 1 アガサ・クリスティー
アガサ・クリスティー大事典

球界のぶっちゃけ話
愛甲猛
熱球
いきなりビーンボール
全日本パリーグ党宣言
男たちの大リーグ
負けん気
落合戦記
プロ野球コンバート論
2番打者論
ドラフト外
西鉄ライオンズ
獅子たちの曳光
波瀾興亡の球譜
魔術師
文あ3
天才投手
ドラフト連続殺人事件
優雅で感傷的な日本野球
高橋源一郎
文あ4
どんまい
重松清
沈黙のエール
横関大
慧眼
スカウト・デイズ
本城雅人
白色の残像
坂本光一
つよく結べ、ポニーテール
朝倉宏景
虹のふもと
堂場瞬一
黄金の時
監督の問題
野球部ひとり
エイトメン・アウト
文L3
走れ、健次郎
襷を我が手に
転がる空に雨は降らない
誇れ高き勇敢なブルーよ
蒼のファンファーレ
スタンドアップ!
オリンピックへ行こう!
ターンオーバー
風たちの伝説
プロ野球選手カラー名鑑2017

この時代小説がおもしろい
櫻井秀勲
歴史・時代小説の快楽
読まなきゃ死ねない全100作ガイド
細谷正充
私の好きな時代小説
常盤新平
晶文社
時代小説「熱烈」読書ガイド
加来耕三
講談社
時代小説職業事典
大江戸職業往来
歴史群像編集部・編
江戸モードの誕生
丸山伸彦
新選組アンソロジー
その虚と実に迫る
下巻
名作短篇選集
新選組アンソロジー
その虚と実に迫る
上巻
名作短篇選集
舜字社
沖田総司哀歌
新装版
森満喜子
新人物往来社
沖田総司拾遺
新装版
大内美予子
会津戦争のすべて
「獅子の時代」の背景を描く
新人物往来社
忠臣蔵
日本テレビ
白虎隊
杉山義法
日本テレビ
土方歳三
歴史読本
戊辰大戦争
一九九八年十二月号
700
歴史と旅
特集
戊辰戦争
会津の悲劇
平成九年
6
月号
秋田書店
368
歴史読本
図説
幕末女性伝
1999年
9月号
712
この時代小説がすごい!
2016年版
宝島社
いま本当におもしろい時代小説ベスト100
洋泉社
この時代小説がすごい!
2014年版
宝島社
この時代小説がすごい!
文庫書き下ろし版
2015年版
宝島社
幕末小説なら、これを読め!
徹底ガイド
彩流社
誰かが見ている
宮西真冬
首の鎖
新・水滸後伝
下
田中芳樹
新・水滸後伝
上
田中芳樹
この役立たず!
堀井憲一郎
ムーミンパパの「手帖」
楽しい「つづり方」教室
宇野千代
大庭みな子
武田百合子
マックス・マウスと仲間たち
松尾由美
ふたりで探偵
平岩弓枝
セイロン亭の謎
平岩弓枝
どぶろく
半村良
江戸打入り
半村良
橋ものがたり
藤沢周平
傘をもたない蟻たちは
蛹たちは校庭で
童話物語
向山貴彦
宮山香里
裏庭
梨木香歩
ファンタジー大賞受賞
妖精ピンクのアップルほうっく・パーティー大作戦
妖精ピンクのアップルほうっく料理レッスン
三日月島 峰
江戸おんな絵姿十二景
おかしなジパング図版帖
読書王の書評日記
未読王
那些年，我們騎著自行車
倫敦巴里
和田誠
インのない手紙
推理
犬はまだ吠えている
パトリック・クェンティン
ジョージ・サンダース殺人事件
クレイグ・ライス
ミステリ・ウィークエンド
パーシヴァル・ワイルド
悪夢はめぐる
ヴァージル・マーカム
エドウィン・ドルードのエピローグ
ブルース・グレイム
放送中の死
ヴァルター・ハルトマン
アントニイ・バークリー
服用禁止
狼なんかこわくない
庄司薫
赤頭巾ちゃん気をつけて
庄司薫
芥川賞受賞
さよなら快傑黒頭巾
庄司薫
白鳥の歌なんか聞えない
庄司薫
ぼくの大好きな青髭
庄司薫
喪失
ぼくが猫語を話せるわけ
庄司薫
バクの飼主めざして
庄司薫
クレオパトラの黒い溜息
小峰元
ホメロスの殺人方程式
小峰元
仁木兄妹の探偵簿
仁木悦子
仁木兄妹の探偵簿
仁木悦子
名探偵コレクション
仁木悦子
名探偵コレクション
探偵三影潤全集
仁木悦子
探偵三影潤全集
仁木悦子
探偵三影潤全集
仁木悦子
仁木悦子長篇アラカルト
仁木悦子
仁木兄妹長篇全集
仁木悦子
仁木兄妹長篇全集
仁木悦子
子供たちの探偵簿
仁木悦子
辻真先
本格・結婚殺人事件
辻真先
長編推理
辻真先
昭和は遠くなりにけり
辻真先
悪魔は天使である
辻真先
戯作・誕生殺人事件
辻真先
沖縄軽便鉄道は死せず
辻真先
歌う砂
バルカン超特急
ムーミン谷の名言集
おいしいケーキはミステリー!?
ワトスン君、もっと推理をこちらにもどうぞ
淑女怪盗ジェーンの冒険
殺意が芽生えるとき
過去からの声
古典事件帖
シャーロック・ホームズの
アーサー・コナン・ドイル
三人の名探偵のための事件
レオ・ブルース
女刑事の死
消えた少年たち
オースン・スコット・カード
薔薇の名前
上
今世紀最大の問題小説
薔薇の名前
下
今世紀最大の問題小説
文学刑事サーズデイ・ネクスト
1
文学刑事サーズデイ・ネクスト
2
文学刑事サーズデイ・ネクスト
3
よしきた、ジーヴス
完全にバカ?
サンキュー、ジーヴス
ジーヴスと朝のよろこび
無限の楽士
ジーヴスと恋の季節
無邪気のエルドラド
ジーヴスの物語
がんばれ、ジーヴス
お呼びだ、ジーヴス
あの薔薇を見てよ
料理上手は殺しの名人
いい女の殺し方
財産家
エスター・ウォーターズ

SCIENCE
和算小説のたのしみ
鳴海風
古典入門
橋本治
10
KAT-TUN
"10Ks!"
エンターテインメント作家ファイル108
北上次郎
新刊ガイド大全
嵐
読まずには
名作
直木賞受賞エッセイ集成

光GENJI
超写真集
撮影 武藤義
佐藤寛之 Karuizawa
田原俊彦論
芸能界アイドル戦記
1979―2018
岡野誠 著
青弓社
職業＝田原俊彦
田原俊彦
Wani Books
君だけマイラブ
ときめきの中で
田原俊彦
ワニブックス
Best of Fourleaves
the first issue of TOKIO pictorial Wink up special edition.
TOKIO ✱ INITIAL
TOKIOファースト写真集
ワニブックス
for No.∞
関ジャニ∞
講談社
HOLD UP DOWN V6
「嵐」的、あまりに「嵐」的な
脱偶像化の構造分析
関修
CYZO
隣の嵐くん
More nearby ARASHI
カリスマなき時代の偶像
関修
CYZO
大人アイドル
プロフェッショナルとしてのV6論
CYZO
ジャニーズ50年史
ジャニーズ研究会＝編著
鹿砦社
ジャニドラの嵐
平成ジャニーズ・ドラマ完全ファイル！
宝島社
テレビとジャニーズ
メディアは「アイドルの時代」をどう築いたか？
太田省一
blueprint
ジャニーズお笑い進化論
西条昇
大和書房
ARASHI LOVE
ARASHI「untitled」

名古屋市在住の書評家・大矢博子さんは自宅仕事場とコンテナの書庫に合わせて二万冊ほどの本を収納している。仕事場の本棚の手前には通常は可動式のスチールラックが置いてあり、一年以内に刊行された新刊が時代小説、現代小説、文庫、雑誌類と整理されて並べられているが、ひとたびラックを移動すると、ジャーン、そこはジャニーズ！　田原俊彦と二宮和也の巨大なポスターがどおーんと登場するのである。しかも両者の間にはジャニーズの棚があって、光ＧＥＮＪＩの写真集からトシちゃん、嵐の関連書にフォーリーブスのＣＤまで飾られているのだ。開くといろいろ出てくる「秘密の花園」仕様なのである。ジャニーズと新選組、ちょっと古い翻訳ミステリーのアンソロジーが萌ポイントで、仕事に疲れると、ラックをずらしてドーピングするらしい。本棚にはほかに小説関係の評論や資料とここ一年の、主に文庫の新刊が並んでいる。左端の背の高い本棚に収められているのは海外の女性ミステリーと、原点だという「あしながおじさん」だ。十月のミステリー年度替わりにコンテナ書庫に移動するそうだが、電子化されたものはどんどん処分しているとのことで、書庫で目を惹くのはドラゴンズ関係本か十代のころにハマったという小峰元、辻真先、仁木悦子など青春の書。こちらも「秘密の花園」感いっぱいの本棚なのである。

大矢博子（おおやひろこ　書評家）２０１９年10月号

いつか読むつもりの父の蔵書

黒田研二

俗物図鑑
おれに関する噂
デマ
農協月へ行く
狂気の沙汰も金次第
スタア
おれの血は他人の血
熊の木本線
男たちのかいた絵
七瀬ふたたび
メタモルフォセス群島
アガサ・クリスティー完全攻略
ロジャー・アクロイドはなぜ殺される？
アガサ・クリスティー
アガサ・クリスティー読本
ミス・マープルの愛すべき生涯
アクロイドを殺したのはだれか
アルジャーノンに花束を
チェット、大丈夫か？
チェットと消えたゾウの謎
推定無罪
推定無罪
ザ・暗殺術
アガサ・クリスティーの真実
マン島の黄金
アガサ・クリスティー
殺人をもう一度
モノグラム殺人事件
アガサ・クリスティーの誘惑
スパイダー・ワールド
スパイダー・ワールド
ゲームの達人

刑事コロンボ
構想の死角
指輪の爪あと
二枚のドガの絵
死の方程式
第三の終章
二つの顔
溶ける糸
ロンドンの傘
意識の下の映像
白鳥の歌
権力の墓穴
野望の果て
自縛の紐
逆転の構図
断たれた音
歌声の消えた海
祝砲の挽歌
悪の温室
毒のある花
5時30分の目撃者
燃えつきた映像
ハッサン・サラーの反逆
黒のエチュード
アリバイのダイヤル
忘れられたスター
闘牛士の栄光
仮面の男
死者のメッセージ
さらば提督
死のクリスマス
青鬼
COLUMBO
特選 刑事コロンボ
謀殺のカルテ
ピーター・フォーク自伝
「刑事コロンボ」の素顔
刑事コロンボ読本
刑事コロンボ 13の事件簿
黒衣のリハーサル
刑事コロンボの秘密
攻撃命令・白鳥の歌
策謀の結末・パイルD-3の壁
ミセス・コロンボ
キュート&ニート
ドライブ
黒田研二
ミステリマガジン
別冊宝島
刑事コロンボ 完全捜査記録
増補改訂版
刑事コロンボ読本
日本初の本格ガイドブック
町田暁雄
幻の女
試行錯誤
Xの悲劇
Yの悲劇
星を継ぐもの
はめ絵
復刊フェア
COLUMBO!
刑事

海のひみつ
コロ助の科学質問箱
365日のひみつ
動物のひみつ
からだのひみつ
ロボットのひみつ
植物のひみつ
地震のひみつ
まんがことわざ事典
発明・発見のひみつ
科学教室
化石のひみつ
恐竜のひみつ
まんが百人一首事典
名まえのひみつ
宇宙のひみつ
星と星座のひみつ
日本のひみつ探検
自然のひみつ
コアラのひみつ
野球のひみつ
お金と切手のひみつ
つりのひみつ
恐竜化石のひみつ
365日のひみつ
古代遺跡のひみつ
いる?いない?のひみつ
漢字のひみつ
まんが恐竜図鑑事典
まんが日本史事典①
まんが日本史事典②
まんが日本史事典③
テレビ特撮のひみつ
教科書クイズ
科学教室
英語のひみつ
まんが宇宙開発事典
宇宙のひみつ
お金のひみつ
続 教科書クイズ
魚のひみつ
飛行機のひみつ
電車・機関車のひみつ
うそほんと
みえる・みえないのひみつ
鳥のひみつ
自動車のひみつ
エネルギーのひみつ
南極・北極のひみつ
忍術・手品のひみつ
いる?いない?のひみつ
コロ助の科学質問箱
イヌのひみつ
科学教室
星と星座のひみつ
天気100のひみつ
宇宙のひみつ
コロ助の科学質問箱
古代遺跡のひみつ
石油のひみつ
記号・単位のひみつ
科学物知り百科
自然のひみつ
恐竜化石のひみつ
古代遺跡のひみつ
からだのひみつ
チューインガムのひみつ
365日のひみつ
地球のひみつ
鳥のひみつ
地震のひみつ
科学物知り百科
ハリー・ポッターと賢者の石
ハリー・ポッターと秘密の部屋
あのネコは犯人か?
あやうしマガーク探偵団
スーパースターをすくえ
見えない犬のなぞ
銀行強盗をつかまえ
マガーク対魔女
悪魔マガーク 数学の天才
ミイラのつぶやき
オウムどろぼう事件
十五少年漂流
タイムマシン
フランケンシュタイン
真田十勇士 猿飛佐助
神秘島物語
宝島
笛吹童子
偉大なる王
鉄仮面
ソロモン王の洞窟
アーサー王物語
失われた世界
モンテ・クリスト伯
吸血鬼ドラキュラ
運命 二人の皇帝
ロビンソン・クルーソー
三銃士
モヒカン族の最後
バスカビル家の犬
逆転裁判

白銀荘の殺人鬼
七回死んだ男
THE PERFECT INSIDER
すべてがFになる
13人目の名探偵
BATTLE ROYALE
MARINERS

三重県桑名市在住の推理作家・黒田研二さんは自宅をはじめ、実家の書庫、仕事場の三か所に蔵書を分けて収納している。自宅には買ったばかりの本と読書中の本を置いているくらいだが、実家の書庫は十七年前に床を補強して本棚をすべての壁面と中央に造り付け、収納力は一万五千冊強。子どものころに愛読した児童書から「少年探偵団」「怪盗ルパン」のシリーズ、刑事コロンボ関連書、コミックにノベルス、ミステリーの叢書類のほか、文庫が著者別五十音順で並べられている。日本のミステリーに混じって伊藤整、井上靖、藤沢周平、福永武彦、山本周五郎などの古い文庫が並んでいるが、文芸系は二十数年前に亡くなったお父さんの蔵書。息子は松本清張以外、ほとんど読んでいないが、いつか読むかもしれないと処分できずに残してある。ずらりと並んだ「頭の体操」シリーズは第一巻をお父さんが購入、以降は息子が買い続けたそうだ。まさに親子二代にわたる蔵書なのである。四六判の単行本は主に車で十分の仕事場に並んでいるが、こちらの仕事場は、なんとお姉さん宅の一室！　新築の際に造ってもらったという。壁面の本棚はスライド式で、日本のミステリー作家のハードカバーがやはり著者別五十音順に整理されている。実家の書庫に実姉宅の仕事場、作家を支える家族の絆がうかがえる、やすらぎの本棚なのである。

黒田研二（くろだけんじ　推理作家）２０１９年11月号

渡辺英樹
人生はSFとともに

日本のSF 現代篇
日本のSF 古典篇
世界のSF 現代篇
世界のSF 古典篇
カルメン・ドッグ
テルリア
猫のパジャマ
越境
人生なんてそんなものさ
フランス流SF入門
時間SFの文法
暗黒神話
森卓也のコラム・クロニクル 1979-2009
CITY VICE
ポストヒューマニティーズ
ファンタジー文学案内
先生とわたし
ウルトラマンの飛翔
突変
ミステリウム
マンガ百人一首

intel inside
ヴェルヌ
ウェルズ
ドイル
2001
トマス・ピンチョン
カート・ヴォネガット
ユーロ・ロック集成
機械男
パンドラの少女
地球に落ちて来た男
ライト
氷
モンド9
零號琴
光瀬龍
STAR EGG
SF大百科事典
CHRISTOPHER PRIEST

アメージング・ストーリーズ
火星の砂
遊星フロリナの悲劇
星に憑かれた男
恐怖の27日間
夏への扉
わが赴くは星の群
裸の太陽
怪獣17P
四つ足になった金融王
ラドガ壊滅
過去の影
夕陽の国ドノマーガ
よくできた惑星
宇宙の黒いつる
火星の秘薬
燃える傾斜
光の塔
SF事典
SF雑学クイズ
SF次元へのパスポート
必携SF手帖
十三階の女
幻想と怪奇
5人対賭博場
盗まれた街
ドノヴァンの脳髄
火星人ゴー・ホーム
宇宙人フライデイ
吸血鬼
21世紀潜水艦
クリスマス・イヴ
宇宙の妖怪たち
大真空
宇宙病地帯
時間溶解機
宇宙の眼
渦まく谺
神経線維
アトムの子ら
鋼鉄都市
呪われた村
果てしなき明日
アンドロイド
時の風
都市
海底牧場
刺青の男
火星の砂
宇宙商人
金星応答なし
超能力エージェント
宇宙気流
最終戦争の目撃者
太陽の黄金の林檎
タイム・マシン
海底二万リーグ
脳波
地球の緑の丘
人間の手がまだ触れない
マラコット海淵
月世界最初の人間
月は地獄だ！
宇宙恐怖物語
地球脱出
人間以上
火星年代記
ロスト・ワールド
宇宙翔けるもの
トリフィドの日
墓碑銘二〇〇七年
宇宙のあいさつ
われはロボット
宇宙行かば
地底旅行
夏への扉
SFマガジン・ベスト No.1
SFマガジン・ベスト No.2
わが手の宇宙
第四間氷期
天の光はすべて星
超生命ヴァイトン
華氏四五一度
影が重なる時
幼年期の終り
虎よ、虎よ！
破滅への二時間
SFマガジン・ベスト No.3
妖精配給会社
最後の障壁
時の支配者
虚空の遺産
ミュータント
審判の日
SFマガジン・ベスト No.4
高い城の男
ヒューゴー賞傑作集 No.1
ヒューゴー賞傑作集 No.2
太陽の影
落陽二二一七年
破壊された男
重力の使命
拠点
宇宙震
渇きの海
日本売ります
半数染色体
裸の太陽
ソラリスの陽のもとに
闇よ、つどえ
勝利
ヒューマノイド
準B級市民
十八時の音楽浴
明日を越える旅
地球人よ、故郷に還れ
東海道戦争
未知の地平線
思考の網
再生の時
宇宙の孤児
地球の脅威
竜座の暗黒星
恋人たち
太陽系七つの秘宝
宇宙のスカイラーク
火星で最後の……
地球巡礼
都市と星
さなぎ
タイム・パトロール
東京－二〇六五
時間と空間の冒険 No.1
天翔ける十字軍
ある生き物の記録
謎の宇宙船強奪団
宇宙市民
海竜めざめる
宇宙零年
SFの夜
スカイラーク3
中継ステーション
発狂した宇宙
宇宙の小石
火星のタイム・スリップ
よろこびの機械
モンスター
時のロスト・ワールド
危機のペルシダー
宇宙の監視
虎は目覚める
宇宙の戦士
象牙の城
自由未来
地球の長い午後
宇宙播種計画
秘密国家ICE
永遠の終り
時の歩廊
ミクロ潜航作戦
ベトナム観光公社
標的ナンバー10
悪魔のいる天国
大いなる惑星
多元宇宙の家
生きている大
異星の隣人たち
オッド・ジョン
タイム・マシン大騒動
第五惑星
最初のレンズマン
観察者の鏡
タイム・トンネル
戦乱のペルシダー
忍宇ヨンの航星日記
銀河パトロール
影が行く
宇宙のかけら
神への長い道
宇宙兵ブルース
ハイウェイ惑星
インベーダー
ロストオアシス
太陽自殺
アンドロメダのA
偉大なる幻影
人類皆殺し
万国博がやってくる
銀河帝国衰亡史
暗黒星過ぎ！
この地球のどこにも
カナン五一〇〇年
時の凱歌
大地は永遠に
アルファルファ作戦
明日にとどく
太陽クイズ
アステカに吹く嵐
宇宙軍団
E=mc²
インベーダー② 宇宙からの侵入者
ロマンチスト
インベーダー③ 不死身のインベーダー
地底世界のターザン
魔法つかいの夏
ハウザーの記憶
インベーダー④ 三葉虫の夜
夢判断
特務指令〈ウスプ〉
午後の恐竜

SFツインズとしてSF界では知らぬ者のいない渡辺兄弟の双子の兄・渡辺英樹さんは愛知県春日井市の自宅の二階ホールに設置された本棚にハヤカワ文庫SFを番号順に千五百番まで並べている。かつては作家別に並べていたこともあったが、十九年前に自宅を新築した際に高さ幅ともホールにぴったりなサイズの本棚を購入し、並べ替えた。番号順、つまり刊行順に変えたのは自分の人生と重なっているからだ。このあたりは中学時代、ここは高校時代と、棚を見ると購入し読んだ当時が甦ってくるのである。コレクターではないというが、番号に抜けがあると落ち着かないので、東京や京都の古本屋まで回って「ローダン」シリーズを集めたらしい。ちなみに創元文庫のSFマーク、SF文庫もハヤカワ文庫の隣に全点揃って並んでいる。ホールから二階八畳の書庫に入ると、三列スライド式の重厚な書棚が向かい合った壁面に並び、「世界SF全集」「最新科学小説全集」などの全集類をはじめ、ハヤカワ・SF・シリーズ、海外SFノヴェルズ、ソビエトS・F選集、サンリオSF文庫等の叢書類が揃えられている。もちろんSFマガジンは増刊号も含めて創刊号から全冊コンプリート。戦後刊行された翻訳SFの本はほぼあるとのことで、自分の人生と戦後日本の翻訳SFの歴史が一望できる、SFツインズならではの本棚なのである！

渡辺英樹（わたなべひでき　SFツインズ兄）２０１９年12月号

未読王

購書マニアの本棚拝見

黄色い部屋の謎
木曜の男
百万長者の死
帽子から飛び出した死
グリーン家殺人事件
クロイドン発12時30分
ソーンダイク博士
フレンチ警部最大の事件
ナイン・テイラーズ
消えた死体
三幕の悲劇
赤後家の殺人
アラビアン・ナイトの殺人
棺のない死体
エンジェル家の殺人
マンハッタンの悲劇
妖女ドレッテ
消えたエリザベス
顔のない女
試行錯誤
学長の死
ゴルゴタの七
おうむの復讐
幸運の脚
夜は千の目をもつ
レディ・キラー
二輪馬車の謎
三十棺桶島
アスファルト・ジャングル
緑のカプセル
アメリカ銃の謎
シャム双子の謎
エラリー・クイーンの新冒険
足跡のない殺人
CRIME CLUB
第二の男
復讐は俺の手に
果たされた期待
燃える接吻を
寂しい夜の出来事
私は狙われている
俺の拳銃は素早い
聖者対警視庁
夜の冒険
ゼリコ公爵
ロサラモスの悲劇
夜の来訪者
邪魔者は殺せ
死刑囚2455号
猶太人ジウス
谷譲次訳
PIMPERNEL
BARONESS ORCZY
嫁の父親
ホフマン
犯罪推理傑作集 2
ミステリー短編傑作集

続・猿の惑星
バルバドスの罠
ドラブル
サバス氏の乱れなき生活
怒りの山
大氷原の嵐
銀塊の海
幻の金鉱
レフカスの原人
ダブル・ジャック
観光旅行
マイラ
テレフォン
ファイヤーフレイ
バベルの塔
警官ギャング
21世紀の報告
ザ・マン
ザ・マン
終りの時
新・私を愛したスパイ
赤ちゃんはプロフェッショナル!
反死連盟
グリーン・マン
リヴァーサイドの殺人
鏡よ、鏡
リーインカーネーション
悪魔の聖者
ダーティハンター
みじかい夜
マーフィーの戦い
シンジケート
流血の大陸
愛奴
幽霊船団
最後の英雄
将軍たちの夜
大脱獄
マフィア殺戮
アンドロメダ病原体
ターミナル・マン
未来のプロフィル
超スパイ機関
裸のランナー
孤独の時刻
老女のたのしみ

怪奇な恋の物語
宇宙からの脱出
神の機械
月は誰のもの
悪魔の分け前
影の軍隊
世界は女房持ちでいっぱいだ
プレーボーイ王国
北の脱走者
ワインは死の香り
果てしなき無限の鏡
悪魔のベクトル
盗聴
大統領専用機行方を断つ
暴風海域
星のかけら
幽霊潜水艦
巨人は激しく倒れる
帰らざる夜明け
殺人者の自伝
わが友、裏切り者
犬
恐怖のメロディ
デラニーの悪霊
エアポート75
馬に乗った水夫
メリンダ
黒いジャガー
パン・パン・バード
すてきなすてきなスパイ
キャット・ダンシング
禁じられたノート
ペーパー・タイガー
海底の麻薬
10億ドルの頭脳
ベルリンの葬送
優雅な死に場所
イプクレス・ファイル
ディリンジャー時代
ムーンレーカー号の反乱
キャナンザの熱い風
スーパータンカーの死
くちづけ

慈悲の猶予
ジャガーノート
ハリケーン
原生林の追撃
砂漠の略奪者
タイトロープ・マン
黄金の手紙
高い砦
時計じかけのオレンジ
ジャラナスの顔
ベルリンの壁のかなた
真夜中のカウボーイ
時の暗闇
冬が来れば
月曜日の男
ハナの差
女王陛下の騎士
真夜中の復讐者
死にゆく者への祈り
廃墟の東
非情の日
ミスター・パーシー
きみはぼくの胸が好きになるだろう
スイス・アレンジメント
すばらしき自動車たち
発作
ストリート8
氷雪地獄脱出!
鉄翼!
石の豹
パレルモ潜行作戦
人間改造プロジェクトβ
ロサンゼルスに雨は降らない
報道写真家
猿の惑星
シシリアン
カリブの海賊史
日曜日には鼠を殺せ
ラムの大通り
死との契約
クレムリンの密書
クレムリンの密書
親父と息子
トラリーの霧
大地震
暗号指令タンゴ
第9指令
最後の飛行

スタートレック2
空港ジャック
007号孫大佐
ダブル・イメージ
生き残った一人
カリブの監
街はおれのもの
八点鐘が鳴る時
荒鷲の要塞
軍用列車
巡礼のキャラバン隊
魔女の海域
人質の塔
歪んだサーキット
黒い十字軍
黄金のランデヴー
北極戦線
金門橋
黒い十字軍
悪魔の兵器
夜の訪問者
地獄の家
二人だけの軍隊
殺しのダンディズム
ナンバーのない男
努力して産業スパイに成功する法
サンダーボルト
フレンチ・コネクション2
追跡
原潜919浮上せず
破滅のプログラム
サーキットに眠れ
毒蛇商人
おんどり
戦争の終った春
マフィアの誕生
死者にかかってきた電話
高貴なる殺人
鏡の国の戦争
寒い国から帰ってきたスパイ
バッジ373
スコルピオ
シシリアン
自動ピアノ
五万二千ドルの罠
ステップフォードの妻たち
世界の小さな終末
キラー・エリート
2月計画
スタートレック

古書の来歴
摩天楼のクローズドサークル
熱く冷たいアリバイ
魔性の馬
見えない死
死を招く航海
領主館の花嫁たち
最上階の殺人
ウジェーヌ・ヴァルモンの勝利
魔のひじの家
四人目の賢者
アララテのアプルビイ
物しか書けなかった物書き
廃墟の歌声
最後の審判の巨匠
奇想の王国

神の山
サンタクロースの反乱
メキシコの黄金
黒い肉体

推理小説入門
推理パズル100題
ミステリー博物館
ミステリーの書き方
SF入門
SF事典
暗号手帳
古本屋サバイバル
文庫一番蔵じ
新・文學入門
コラムは笑う
小説世界のロビンソン
検屍官研究
探偵小説昔話
ミステリ十二か月
最良の日、最悪の日
そして天使は歌う
極楽島ただいま満員
最後の二十五セントまで
ミステリの経済倫理学
古本屋月の輪書林
古書の誘惑
古書の見方・買い方

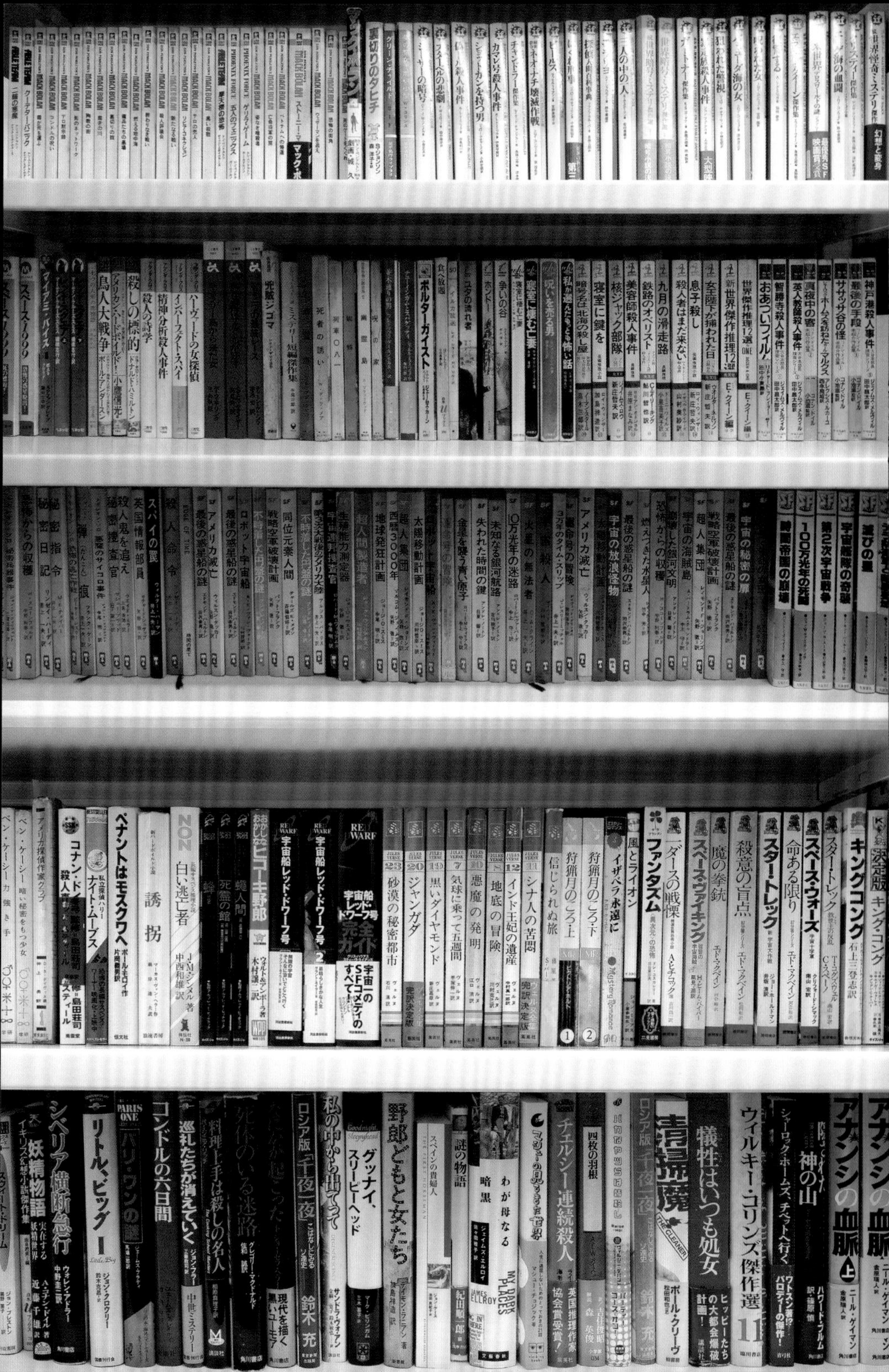

奇妙な味の小説
吉行淳之介編
ボーダーライン
真保裕一
大統領の密使
小林信彦
恩田陸
小説以外
屍の聲
無法街の死
私が殺した少女
原尞
天使たちの探偵
藤本泉
甦る幻影城
創元推理
星になれるか
玩具修理者
天国は待ってくれる
邪神たちの2・26
田中文雄
高木彬光
夢を盗む女
芳野昌之
北村薫
上陸
五條瑛
魔術的な急斜面
紀田順一郎
東京異聞
球形の季節
恩田
猟人の眼り
中川裕朗
夜の分水
志水辰夫
奇妙な昆虫
海の鉄仮面
歪んだ年輪
鷲尾三郎
闇に光る男
高城高
鉛の虫
キリストの石
細い赤い糸
飛鳥高
腐肉の基地
九十九本の妖刀
大河内常平
釣人荘殺人事件
喧嘩次男坊
九鬼紫郎
花骨牌殺人
青春文化運動
鉄腕紳士
宮下幻一郎
海の鉄仮面
牧野吉晴
幽影物語
佐藤紅石
仮面紳士
日影丈吉
十二人の抹殺者
平賀源内捕物帳
久生十蘭
探偵小説傑作集
虞子は推理する
藤澤桓夫
ゼロ大陸/サイゴン
名探偵登場
山村正夫編
オヤビン!
三谷幸
移の館
陳舜臣
汚れた夜
秘画殺人事件
石沢英太郎
古墳殺人事件
狂った海
新章文子
屍鬼
小野不由美
江戸川乱歩全集
野球殺人事件
田島莉茉子
悪との契約
長くて短い一年
山川方夫
黄金の罠
結婚三銃士
閑雅な殺人
大坪砂男
冷たい眼
楠田匡介
渡辺啓助集
魔人
大下宇陀児
笑いの仮面
漫談レヴィウ
天狗の面
土屋隆夫
悩ましき女
妖怪博士
フランダースの犬
灰色の視点
樹の中の声
多岐川恭
べらんめぇ大名
楠田匡介
青の恐怖
鷲尾三郎
真夜中に唄う島
朝山蜻一
密室殺人
美しき鬼
飛鳥高
呪文塔の恐怖
九鬼紫郎

戦鑑陸奥
忍法忠臣蔵
忍法関ヶ原
武蔵忍法旅
おんな牢秘抄
笑い陰陽師
明治波濤歌
忍者六道銭
叛旗兵
忍法剣士伝
戦中派焼け跡日記
戦艦陸奥
虚像淫楽
天国荘奇譚
男性週期律
殺人クラブ会員
戦中派動乱日記
戦中派闇市日記
魔天忍法帖
風眼抄
忍法三羽がらす
人間風眼帖
妖説太閤記
明治断頭台
虚像淫楽
戦中派復興日記
忍法相伝73
明治断頭台
魔群の通過
八犬伝
帰去来殺人事件
死言状
極悪人
風来酔夢談
半身棺桶
人間魔界図巻
山田風太郎
都筑道夫

都市伝説の真実
江戸散歩
1984年のUWF
アメリカン・コミックス大全
11/22/63
上方落語ノート
立川談志独り会
芸人その世界
タレントその世界
スターその世界
アイドルその世界
大落語
映画術

99 LIVE BOX
白鳥大全集
PAUL SIMON
桂春団治
古本パンチ
SF大クロニクル
WATCHMEN

『未読王購書日記』（小社刊）でその購書マニアぶりを世に知らしめた名古屋の未読王。かつては家じゅうの床が本の山と古本屋の袋で埋まり、足の踏み場もないと噂されていたが、二〇一三年に自宅を建て替えてからは一変。一階二階に設けた書庫と書斎に二万冊以上の本をびしっと収めているのである。現在のモットーは「床には極力置かない」。十二畳ほどの一階書庫には可動式書架が七台設置され、買い集めた内外のミステリーが作家別五十音順に並べられているほか、評論、SF、シリーズもの、叢書類などがジャンルごとに分類されている。二階には六畳ほどの文庫専用書庫があり、一万冊を超える文庫を収納。マニアじゃなくてコレクターだから集めるだけで整理はしていないとのことだが、作り付けの白い本棚に文庫がずらーっと並んだ様は壮観の一語。さらにAVルームを兼ねた書斎にも本棚が作り付けられていて、演芸、落語に映画、格闘技関連の本がずらり。向かい側の棚には主に映画のDVDがタイトルの五十音順で並んでいる。最近は購入するのもDVDがメイン。古本屋を覗いても買うものがなくなったので、ほとんど行かなくなったそうだ。「古本屋に行って棚を見るよりも自分の本棚を見ていたほうがよっぽど楽しいですから。あ、こんな本があったんだって（笑）」書斎の主自身、見るたびに新鮮な本棚なのである。

未読王（みどくおう　書物蒐集人）２０２０年１月号

〔おまけの魔窟〕
山本貴光
本が棲む部屋
CORBALLIS
漱石全集
現代アートとは何か

山本貴光（やまもとたかみつ　文筆家、ゲーム作家）
東京目黒区内、居間（6畳）+書斎（6畳）+寝室（4畳半）の本が積み上がる棲家は、混沌としているようで山も棚もジャンル分けされている。神奈川県に転居中で、その模様は「芸術新潮」での連載「図書館を建てる、図書館で暮らす」に詳しい（橋本麻里、三井嶺と交代で執筆、新潮社、2020年6月号〜）

絶景本棚2

お蔵出し

大矢博子さんの蔵書から本棚に並んでいないアガサ・クリスティの初邦訳書など。日焼けを避けた保管のおかげで彩りあざやかです。

P254.右から
『殺人準備完了』(現『ゼロ時間へ』。アガサ・クリスティー、三宅正太郎訳、世界傑作探偵小説シリーズ9、昭和26年、早川書房)
『白昼の悪魔』(アガサ・クリスティー、堀田善衛訳、昭和26年、世界傑作探偵小説シリーズ2、早川書房／P255右上も)
『十二の刺傷』(現『オリエント急行の殺人』。アガサ・クリスティ、森下雨村・江戸川乱歩責任監輯、延原謙訳、世界探偵名作全集第二巻、昭和10年、柳香書院／P255右下も)
『米英探偵小説傑作選』(アガサ・クリスティ、加藤昌一訳『診察室の殺人』〈現『愛国殺人』〉とエラリー・クイーン、富田八郎訳『劇場殺人事件』〈現『ローマ帽子の謎』〉を所収。「別冊日曜日」第2号、昭和27年1月、雄鶏社／P255左上も)

初出
「本の雑誌」2017年5月号～2020年1月号「本棚が見たい！」書斎篇より再構成
おまけの魔窟・山本貴光　撮り下ろし

撮影
水鏡子宅　李宗和
山本貴光宅　山本貴光
お蔵出し　大矢博子
表紙の写真　鴨部富太郎
その他クレジット記載ないものすべて　中村規
画像調整　島袋亨（イニュニック）

取材・執筆　浜本茂
デザイン　岩郷重力+K.T

2020年8月31日 初版第1刷発行
2020年9月15日 初版第2刷発行

絶景本棚2

編者　本の雑誌編集部
発行人　浜本茂
発行所　株式会社 本の雑誌社
〒101-0051 東京都千代田区神田神保町1-37 友田三和ビル
電話　03（3295）1071
振替　00150-3-50378
印刷　株式会社イニュニック

定価はカバーに表示してあります

IISBN978-4-86011-446-6　C0095